日本の著名的無名人
—特別号—

目指せ日本一だ

永野芳宣

—行動する福岡商工会議所

財界研究所

目次

《この本の構成について》

＊　全国商工会議所名簿

＊　福岡商工会議所 事務局機構・職員配置図

＊　同平成二十二年度事業計画概要一覧

《この本の構成について》

この本は、次のような構成になっている。もちろんご関心の在る所から先にお読み戴くことも出来る。しかし、筆者としては最初から続けてお読み頂くことを、お勧めしたいと思う。

第一話　商工会議所が必要なワケと福岡が日本一と思うワケ
第二話　百三十年目「天命」を受け登場した河部浩幸
第三話　五家老、二十奉行、百二十の武将と侍たち
第四話　行動する福岡の五家老物語
第五話「すでに日本一だ」とは何か
第六話　商工会議所の「真水」の活かし方が日本を救う

はじめに

この国は一体どこへ行くのか、この国をどう立て直せばよいのか。

何時ものように、六時半にはすでに出勤する河部浩幸は、机の上に置かれた今朝の重要な新聞切り抜きを取り上げながら、頭の中を巡らせていた。九電工・秘書の御崎と商工会議所・秘書の井原は、毎朝五時に出勤し新聞だけでなくあらゆる資料を整え、河部が直ぐに仕事が出来るようにしている。今朝は特に一段と冷え込みが厳しかったので、御崎、井原たち秘書の眠気も吹っ飛んでいる。

一月下旬だから窓の外は未だ暗い。それに、時ならぬ低気圧が発生し、風雨が強くなってきそうだ。いかにも、この国の現状のような天候である。ところが、午後には足早に回復に向かい、一転夕方には晴れるという天気予報だ。日本も、今日の天候のように自然に、急速に回復してくれれば良いのだが、経済活動や社会の動きはそうはいかない。

河部浩幸は、株式会社九電工という電気工事と建設事業を主体とする会社のプロパーから、頑張って社長になり会長になった男だ。その彼が福岡商工会議所の会頭に就任して、すでに三年目に入った。

最近の彼の口癖は「どうせやるなら、日本一だ。必死で行動を興し、沈滞したこの国を甦らせる起爆剤になりたい」というのである。後ほど詳しく説明するが、最近彼が創り上げた平成二十二年度の行動計画（事業計画）に、その強い思いが滲むように連ねてある（付録参照）。

河部は今、日本全体で五百十五在る商工会議所を治める日本商工会議所の副会頭であり、同時に七十九商工会議所からなる九州商工会議所連合会と十九商工会議所からなる福岡県商工会議所連合会、それぞれの会長でもある。だから、彼の思いは一段と高い。

総会員数百三十五万事業所が加入している、全国五百十五の会議所のトップに成りたい。その模範になる行動する会議所でありたい、会議所だけでなく他の色々な経済団体にも、是非参考になるようなものになりたいと思う。それなら、「先ず率先垂範、自分のところの会員に真から愛され、地域の人たちに信頼されるようになるべきだ。そう成らないようでは、絶対に無理だ。口先だけのことになってしまう」

会頭河部の、こうした敢闘精神を事務局の橋本洸専務理事や織田孝二理事・事務局長はもちろん、五人の副会頭も部会長や委員長はじめすべての役員・議員が、その思いを共有して頑張るしかない。

この本は、河部会頭ともご相談の上だが、商工会議所全員がそうした気持ちを大事にし、その思いを共有してお互いの絆を一層強固にしていくための、材料の一つとして発行されるものである。

会議所の会員の方々はもちろん、むしろ全国各地域の関係者の皆様方が、自らの会議所や各種団体をより一層活性化し、わが国の国作りに励んで頂くための材料にもなるようにとの考えで、改めて書き下ろしてみた。もちろん未熟者であるため、十二分にそのような充実した表現に成っているかどうかは、誠に不安であるがお許し頂きたい。

本書の元々の内容は、昨年九月から今年六月までに亘って、筆者が総合ビジネス誌『財界』（月二回発行）に連載してきた随筆、「著名的無名人を訪ねて」《百三十年の伝統に賭ける達人たち》第百十回から百二十九回までの二十回分である。それを、多少書籍用に編集し直し補完した部分も在る。

しかし、読み易くするため元々の随筆の筋は変更しないように努めたので、メインのストーリーは第一に福岡商工会議所の紹介、第二に河部会頭と五名の副会頭の紹介の二点が中心になっているが、それにも増して出来るだけ部会や委員会なども取り上げ、同時にこの会議所が全国に先駆けて行動を興していると思われるものを、具体的に紹介することに努めた。

是非多くの方々に読んで頂き、迷路に嵌り込んだようなこの国の進むべき方向を、一緒になって追求出来るような一筋の灯りを示すことが出来ればと念じている。

二〇一〇年六月吉日

第一話

商工会議所が必要なワケと福岡が日本一と思うワケ

（一）

商工会議所とは一体何か

「商工会議所とは役所なの、会社なの？·それとも団体？·」

もしこんな質問が、一般の人から在ったとしたら、「えー、商工会議所も知らないの」と関係者はびっくりするだろう。

しかし一般社会の人たちの認識は、正直言って「名前は知っているが、どんなことをしているのかまでは知らない」という状況ではなかろうかと、たいへん失礼ながら筆者もそう考えていた。

ところが、最近連載随筆の取材のため、会議所のベテラン中芝督人や増田徹也に会って話を聞いているうちに、全国に展開する商工会議所が如何に重要かが大変良く分かってきた。危殆に瀕している、現今のわが国にとってである。中芝は今、福岡商工会議所の総務企画部長、増田は企画広報グループ長すなわち課長である。二人は、兄弟ではないかと思えるくらいに良く似ている。すんなりとしたフェイス、色白の美男子、そしていずれも優しい口調で語るが、何とも芯はしっかりしているといったところだ。

中芝と増田は筆者に、商工会議所が非常に活躍しているからこそ、「観光客も大勢訪れ、ファッションによるコレクションも繁盛し、また中国など海外への食材の輸出がどんどん増加している」というのだ。少し大げさかも知れないが、商工会議所は今や「神様仏様ですよ」、と言いたげな口調だった。

その内容は第四話で詳しく述べるが、この際是非とも全国民が商工会議所の役割と、そこで真摯に働いている人たちの仕事の内容や活動を知ってもらう必要があると、筆者は真剣に考えるようになった。間違い無く、会頭河部浩幸の思いもそこに在ると考えた。

最初は「商法会議所」

さて言うまでもなく、明治時代に創立された商工会議所（明治十一年から十二年にかけ設立）は、当初の名前を『商法』会議所」として主要都市でスタートしている。これは、読んで字の如く「商（あきない）」を営む人たちが、「法（律）」の精神に則り、秩序正しく商売をしていくことを「確認し会う」ための集会所として生まれたものである。

現代流に言えば、正に「コンプライアンスを守ること」をみんなで確認し会う場所だった。急激に世の中が変わって、取引の秩序が乱れていたからだ。

因みに、渋沢栄一が最初に設立した東京商法会議所は明治十一年（一八七八）三月、全国六番目に設立された福岡商法会議所は翌明治十二年（一九七九）十月に発足している。

その目的には、上述のような取引現場の秩序維持という他に、もう一つ国を治める政府の側からの要請が在った。それは、これから日本が近代化し資本主義の世の中になるとき、その中心を担って活躍して貰わなければならない商業や工業の事業主が設立した会社を、しっかりと国が責任を持って保護育成していくということであった。別の言い方をすれば、民間の事業者に余り自由奔放に商売を遣られては困る。それを、国家目的に沿うようにコントロールしたいという考え方である。ただし、権力で押さえ付けるという形は取りたくない。

そこで、民間事業者から政府に提案して貰って、取引の秩序や違法な行為をするものが出ないように、自らコントロールしてもらう必要が在るという趣旨が強く働いたようであった。当然そういう事業主の要望や意見も聴いて、国の政策も起てて行く必要が在る。

このように、明治十一年から十二年（一八七八〜七九）に亘って、全国に設立された「商法会議所」は、当時の民間業界側と政府行政側との虚々実々の駆け引きの上に、新たな制度組織として「日本に初めて」誕生した公的な民間組織であった。

非常に分かり易く要約して述べれば、以上のようなことになる。従って、商工会議所《その前身の商法会議所》は、役所でもないし、また会社でもない。むしろ《役所の保護と監視を陰から受けながらではあったが》会社のオーナー達が、仲良く元気にお互いに励まし合っていくための、一種のサロン（場）ということだった。

昔から日本人は、お互いにちょっと会ったぐらいでは、決して身分を明かしたがらない。それは今までの、幕府が取り仕切っていた封建社会の影響がそのまま表れていると言って良い。すなわち当時の幕府の重要政策の一つに全国の寺（仏教）を利用した檀家制度を作り、各寺の住職は檀家の人別帳を作らねばならないこととして、檀家グループの統制を厳しくしていったことが、人々をそういう状態に追い込んでしまった。それが、三百年近くも続いたのである。よって、人々は身の回りに縄張りを引いて、身内と世間をしっかり区別する習性を代々続けてきた。

日本人に必要なサロン

明治になってからも、当然日本人の感覚が急に変わるわけはなかった。現在でもその習性は、依然として続いているように見える。すなわち、われわれ日本人は、最初は全くの他人に対してはよそよそしい。ところが、お互いに何となく話が通じているうちに、例えば同郷だったとか、学校が同じとかというように、何かちょっとした、しかも一瞬のきっかけで、何とも何十年来の知り合いのような親しみを覚え、そこから本当の付き合いが始まるというような次第である。

先ほど述べたように、渋沢栄一が初めて東京に商法会議所を設立、その一年後の明治十二年（一八七九）に福岡にも会議所が生まれたが、このサロンは多分今述べたように見ず知らずの色々な種類の事業のオーナーたちにとっては、寧ろ統制色的な感覚よりも、新たな仲間を見出す場所として大変有効だったのではなかろうかと思われる。

もちろん当初に、大きな会社などは無かった。要するに、中小企業のオーナー達が切磋琢磨し道徳や法律を守っていくようなクラブに育って貰いたいという意図が在ったと思われる。こうして会議所は、江戸時代を治めた武士階級が創り日本の伝統文化といわれるまでに育った、「和」の精神とも重なって一致し、武士に代わり社会の中心的存在になった企業家たちが、自らの存在意義を深めかつ確かめ合う、非常に有意義な現実的な組織団体になっていったと考えられる。

これが、その後今日まで百三十年間に亘り活動してきた、商工会議所の実態ではなかろうか。もちろん紆余曲折は、在っただろう。

しかし現在のように、巨大な産業が生まれグローバルに活動する時代になっても、九九・七％の企業の基礎は言うまでもなく中小かつ中堅の企業であり事業主の会社だ。したがって、商工会議所の役割が意義深く存在し続けるのも、正にそこにこそ社会をリードし発展させていく原点が、今日においても決して失われていないという根拠が在るためだと筆者は考えている。

商工会議所の歴史を見てみよう（二）
―会議所の役割「六つの変遷」

若干古くさい話になって恐縮だが、やはり歴史は重要である。

全国五百十五カ所のトップを目指す福岡商工会議所としては、「当然、私どもの会員は、全ては多くの先輩達が築いてくれた、数々の努力が連綿と続いているということですたい。そして、その上にさらに立派な会議所を創り挙げて行くという、そげな意識が大切です」と、会頭の河部浩幸が言う通りである。

そこで、日本全体と同時に具体的には、われわれの九州と福岡商工会議所の歴史の流れを、一通り簡単に述べてみることにする。

福岡商工会議所が発行した『百年史』が在る。七百頁に及ぶ重厚な記念史である。その百年史の他、歴史を示した幾つかの資料を参考に、筆者なりにこれまでの百三十年間を総括してみた。

するると、この商工会議所の歴史の中にも、一方において民間事業主と役所との間の虚々実々の駆け引きなどが、常に連綿と続いて在ったことを物語ってくれる。だが他方において、現実に商工会議所というものが、如何にわが国の経済・社会・文化の発展に寄与してきたか、またそれが如何に大きいかが、実に良く分かるのである。

会議所が明治24年から34年まで入居していた「共進館」

分析の仕方にもよるが、筆者は、概ね次の六つに分けて、会議所が果たして来た役割を見るのが良いように思っている。すなわち、次のようになる。

第一期「商いのコンプライアンスを守る黎明期」(明治初期〜中期)

第二期「殖産振興、基礎インフラ整備期」(明治中期〜後期)

第三期「産業発展、本格インフラ整備期」(明治末期〜大正末期)

第四期「国家の統制に従った時期」（大正～昭和（戦前））
第五期「戦後の日本を蘇らせた時期」（昭和（戦後）～オイルショック迄）
第六期「今後の日本を引っ張る時期」（オイルショック～現在～未来）
以下、具体的に見てみよう。

【第一期】

「商いのコンプライアンスを守る黎明期」（明治初期～中期の十五年間）

明治十一年（一八七八）と言えば、西郷隆盛が維新戦争の若者たちの情熱の終焉を引き受けたという、明治十年の西南戦争の翌年である。突然世の中が開け、西欧文明の光があらゆる商売のチャンスを保証した時である。ところで、この一世紀以上前のわが国の状況を、どう捉えるのが良いかと先ず考えてみた。そして、現今の状況と比較してみた。

すなわち、現在のわが国は中国等の新興国が急激に成長し、地球環境問題が激化する中で、少子高齢化という経験したことのない壁にぶつかり混迷する姿が現実に目の前に在る。

その状態は、百三十年の時の流れを逆流して何となく、明治十一年前後の日本人が、今まで経験したことも無かった新たな課題に挑戦しようとしていた、その当時の世の中の「風潮」に似ていないだろうかと思った。

百三十年前にも商才に長けた者が、取引のルールを勝手に創り、中にはやくざ紛いの商売をする者も現れたそう。もちろん日本人同士だけでなく、外国人から騙された者が居るとすれば、体よく逆に騙して財を成した者も居た。そうかと思うと、旧来型の貧乏侍のスタイルを真似て、「ツケ」で食事などをして、結局は食い逃げという者も居た。

別の言い方をすれば、取引のルールが全く不明朗だったということになる。もちろん、政府の定める取引制度は当然在ったが、その基本はこれまでの幕府の定め、すなわち侍が一方的に支配する実定法のようなものだった。

そこに登場したのが、現在の商工会議所の前身「商法会議所」である。読んで字の如く、商《あきな》いの法《さだめ》をきちんとしようという発想だった。なんとかして、万人に通用する制度や自主的なルールの取り決めが出来ないだろうか。そうした思いを踏まえて創られたのが、この商法会議所の設立だったのである。

元々大蔵省に勤めていた渋沢栄一が、その任を受けて最初に設立したのが東京商法会議所である。その基本精神は言うまでもなく、商いをする者にこうした公正な取引ルール、すなわち現代流に言えば、「商いのコンプライアンス」を守ることを説くことだった。

論語と算盤が渋沢の行動の原理だったと評されるのも、商業道徳を重視した渋沢商法の神髄を顕したものだったと言える。

彼は、そうした会議所という集会所を設立して、自然体で交流させ、その中で商売をするためのルールをきちっと守ることを覚えさせようとしたのである。

そこで固まったルールや制度を、今度は会議所から提案させて法律を作った。

それに、一種の江戸時代における寺の檀家制度に擬せられるような、会員の経費徴収権まで、政府は商法会議所に賦与していた。

こうして公正な競争ルールの下に、当時の日本は近代工業発展のための黎明期であり、一言でいえば「殖産興業と貿易振興」が期待される最大の目的であった。

河部浩幸の商工会議所が、「行動」しなければ意味がないという発想は、こうした元々の百三十年前の発足当時のような、きっちりとした軸足を踏まえての活動方針だから意義があり、会議所全体を動かす原動力になり得るのである。

【第二期】

「殖産振興、基礎インフラ整備期」（明治中期～後期の十五年間）

幕末から明治にかけての、わが国の輸出品の第一位は生糸（全体の六七％）、第二位が日本茶（一三％）、第三位が蚕卵紙（一〇％）だった。その見返りに日本人は毛織物や絹織物、それに武器を購入していた（以上は明治元年から三年までの平均実績）。要するに、わが国に賦存する一次産業の商品を大いに輸出し外貨を稼いでその付加価値で日本人に必要な衣類や武器弾薬を購入して内需拡大に努めていた。

こうして内需拡大の要請が高まると、一層わが国は農産物と食材それに鉱物資源（銅や石炭など）の生産に力を入れる。このため明治十四年（一八八一）農商務省を創設して、殖産興業の主務官庁を内務省から移し本格的な賦存資源の育成を始めた。

このため、例えば従来の「福岡商法会議所」を、先ず明治二十一年（一八八八）七月「福岡商工会」という名称に変更、そして明治二十三年（一八九〇）九月制定の商業会議所条例によって、「博多商業会議所」に名称を変え、初めて選挙によって会頭以下役職者を選ぶことになった。初の会員選挙を経て、会頭小河久四郎・副会頭磯野七平、中尾卯兵衛の三名が庶務にあたったが、当時の風潮は商業会議所の会員であることは、大変なステイタスとして世間から尊敬の目で見られたことは言うまでもない。

またこの頃になると、会議所の重要性も一層高まり、民間事業者と政府行政とを取り結ぶ役割が、益々期待されるようになっていた。会員になっている事業者は、会議所のアドバイスにより懸命に農耕米作の増産や紡績事業、さらには銅や石炭など鉱物資源の生産にも力を入れ始めた。一方、会議所はわが国の国力向上のため、政府に協力して人材の育成にも力を入れるようになる。

ちなみに、この明治二十三年（一八九〇）という年は、日清戦争の時期であるが、同時に本格的なわが国の発展のため、若者教育の最高学府である大学が多く設立され始めていた。慶應義塾大学、中央大学、日本大学などが次々に開設され、九州大学も本格的にキャンパスが整備されたのはこの時期である。

当時の会議所の役割は、こうした国家政府の農業、紡績、鉱山事業など賦存資源開発による「自給力」増強をはじめ、国家基盤の整備に側面から協力することだった。政府は、当時唯一の民間事業者を代表する機関として、その役割の大きさと積極的な協力を全国の商業会議所に期待していたといえる。

例えば、それまでの手工業主体の状況から機械制工業への移行に伴う、熟練労働力確保が焦眉の急となっていた。このため、会議所は政府と協力して「職工条例」の案を明治二十四年（一八九一）に農商務大臣陸奥宗光に建議している。

これは、いわば事業者側の労働者に対する一方的な使役を、労働時間や賃金について規制するなど、あくまで労働者の保護を目的としたものであった。博多商業会議所は、全面的にこの条例案づくりに協力し名を上げた。しかし当時の一般的な風潮は、労使の関係を政府の法律で規制すべきではないということで、東京をはじめ大阪その他多くの会議所が反対したため、結局成立するまでに至らなかった。同様の目的で「工場法」なるものが制定されるのは、二十年後の明治四十四年（一九一一）のことであった。

しかしこうした動きを踏まえて、日本全体の話になるが、明治十九～二十三年（一八八六～一八九〇）のわが国の海外輸出貿易の第一位は、依然生糸だったがそのウエイトは六七％から三五％に低下し、第二位の日本茶が依然一二％、第三位に米が七％を占めるようになっていた。輸入品は綿糸（一七％）砂糖（一一％）、毛織物（九％）という順位になっている。

こうした殖産興業振興への、具体的な育成指導の役割が、上述の『《博多》商業会議所」だったのである。

またインフラの整備も、商業会議所の重要な使命であり、電話の普及と共に、もう一つ博多湾だけでなく北九州の若松港など港湾の整備と、そうした港湾への鉄道路線の拡張と延長が重要と成ってきていた。これは産業の振興に伴って、この時期に製鉄と石炭生産の要請が急激に高まってきたことに伴うものであった。明治二十一年（一八八八）には九州鉄道会社が設立され、博多～久留米の鉄道が開通している。その後急速に各方面に鉄道が敷設されていく。

【第三期】

「産業発展、本格インフラ整備期」（明治末期～大正末期の二十年間）

明治末期になると、電気がわが国にも普及し始める。これにより、本格的に多くの産業が発展することになり、博多商業会議所の活動も電力会社の設立の要請や、同時に紡績や製鉄などに関連した工場の誘致など、商業会議所が事業者と共に積極的な役割を果たしていたのである。しかし、軍拡の動きが徐々に活発化していくのもこの時期であった。

これは、官営八幡製鉄所の設立とも関係するが、同時に鉄道についても政府は軍事上の必要を理由に、博多商業会議所だけでなく、全国の会議所の反対を退けて、基幹の鉄道を買収する法律が成立して、明治四十年（一九〇七）日本国有鉄道が誕生した。

博多商業会議所（明治24年～、大正12年の大火で焼失）

こうした、事業者の自由な活動が規制され始めた時期であったが、商業会議所の新たな動きとしては、国家の政策ないし各地域の「情報の共有化」要請との双方を受けて、大正二年（一九一三）福岡県商工連絡会や西部会議所連合会などがスタートしたことが、一つの特徴として挙げられる。

その効果は大きく、例えば福岡県の場合は沖縄まで含めた全体八県の連合博覧会を開催しており、大きな成果を残している。また、北九州を中心とした西部会議所連合会では、関門海底鉄道敷設の建議がなされ、具体的な促進に繋がるきっかけを創っている。

福岡の発展も、目覚ましいと言われるようになった大正十年（一九二一）、博多商業会議所は西中洲に移転する。この頃重要視されたのが、博多郵便局の開設と福岡放送局の開設であった。軍国主義化の動きが活発化していく中で、会議所は懸命に自らの使命として、民間への各種情報の提供や商業活動への協力・協調を図り始めていた。

【第四期】

「国家の統制に従った時期」（大正末期〜昭和（戦前）の二十年間）
―商業会議所から商工会議所、さらに県商工経済会へ
正直言って、この時期の会議所は、自主的な行動を停止せざるを得なかった。すべては、軍部の力に翻弄されていた時であった。個人でも事業組織活動においても、自由な発想が出来無かった時である。もしも、当局の意に反することをするということは、場合によっては全てを抹殺されかねない、いわば命がけのことだった。よって、会議所側から積極的に行動したことは無いように思われる。

ただし、会議所の組織形態に取り、一つだけ大変重要な変化が在ったのは、この時期である。それは従来の「商業会議所」の名称に変わって、昭和二年（一九二七）四月初めて「商工会議所法」が公布施行されたことであり、九州においても翌年にかけて博多商工会議所に改変が行われた。

商業活動よりも、大型製造事業と軍需産業が重視される時代であり、「商工」の字が初めて会議所の名称に使われた時期である。しかも、軍部と政府は民間人を説得して、各種の事業を進めるのに最も都合が良いのが、この当時商工会議所であったようだ。港湾の拡張や飛行場の整備、さらには関門海峡トンネルの敷設などに、政府の要請で商工会議所が中心になって、応分の浄財の提供など重要な手伝いなどを行っていた。

さらに歴史的な流れから、会議所の中心的な存在は中小の商業（商人）であるが、彼らが取り扱う商品が次第に「軍事統制品」になり、物資の配給制度が始められた。このため、中小の事業者の独り立ちが出来にくくなり、従来任意の団体であった商業組合が、物資の統制に伴い配給を受ける相手として重要な存在となり、昭和十三年三月「商業組合法」が成立する。

昭和二十年の終戦まで七年間、この商業組合は、肥料、綿糸、毛糸、ガソリン、ゴム、皮革、鉄鋼、薄板、ブリキ等の統制品の配給権利を持っていた。これも、博多商工会議所の下部組織として存在したのである。一方、中小商店の存在に脅威を与えるものとして、この時期発達して来たのが、いわゆる「百貨店」だった。例えば、福岡にも玉屋、岩田屋、松屋が進出し高級呉服や食料品、化粧品、荒物などの日用品も売るようになり、中小商業者を圧迫した。

そうした影響からか、昭和二年（一九二七）福岡市の人口は十五万八千六百人が、十年後の昭和十一年（一九三六）には、三十万二千人と約二倍に増えたのに対し、商業人口は四万一千四百人から五万三千人へと一・三倍に成っただけだったと、『福岡商工会議所百年史』は述べている。

もう一つ、この『百年史』に大変興味の在る構想図が載っていた。昭和十八年（一九四三）三月に博多商工会議所で作成した「二十年後昭和三十八年（一九六三）の大福岡構想図」というものである。中味の数字などは無いが、描かれた絵を見ると現在の百四十万人以上になった福岡市程でもないけれども、当時の若者達の未来への夢が軍部の統制を余所目《よそめ》に、しっかりとはぐくまれていたと筆者は思っている。

敗戦まで、戦争経済に一億国民が協力させられた時期は、もちろん会議所として各種の苦労が在ったが、殆ど生産性の無い話であり割愛させて頂く。

【第五期】

「戦後の日本を蘇らせた時期」（昭和（戦後）～オイルショックまでの二十三年間）

敗戦から現在までの六十五年間を、一括して一つのくくりにするのは、如何にも乱暴な話と思われるので、筆者の一つの歴史観と経済史的な見方で、昭和四十八年（一九七三）までの二十八年間を取り上げて見ることとした。

それは、わが国が敗戦のどん底から、あっという間に見事に蘇って実に見事に回復し、しかも一層の経済成長を疑わなかった期間である。戦前までは、わが国の固有賦存資源である生糸や茶、米、銅、石炭などを加工輸出し、逆に国内生産に役立つ製品や医薬品などを輸入して、内需拡大を果たしていた日本が、敗戦によって一切の固有賦存資源を失った。

博多商業会議所、現在の西中洲に落成
（大正13年～昭和45年）

だが幸運にも、アメリカをはじめ友好国が資源と市場を提供してくれた。石油、鉄鋼、石炭、セメント材料などの超廉価の資源と、東西冷戦による西側の安定市場が日本経済を助けてくれた。こうしたことに繋がる話を、少し振り返ってみることにする。

終戦になって、とにかく戦争で今まで閉ざされていた貿易と交流が必要だとの思いが、福岡市当局と商工業者の最も重要な課題になって来ていた。このため、当時会頭の西部ガス社長山脇政次は、昭和二十二年（一九四七）二月博多港を第一種重要港湾にする陳情書を政府関係当局に提出し熱心に陳情した結果、程なく許可が下りて、上述の製品を積極的に輸出することが出来た。こうした現実の経済活動に商工会議所が、積極的に関わって来た状況が良く分かる。

筆者に現在の会頭河部浩幸が、次のように述べた。

「私どもの先輩たちも、日本一の仕事をして来らっしゃったと思う。例えば終戦直後に博多湾をいち早く開港出来たのは、当時の会頭他事務局の努力そのものですたい」

昭和二十三年（一九四八）当時、すなわち終戦直後の日本全体と九州の輸出実績を比較して見てみると、確かに大きな違いが明白である。日本全体の傾向は、輸出合計5億2000万円のうち、五三％に当たる2億7000万円が「繊維品」で一位だったが、九州からの輸出は繊維品が僅かに300万円で、全国比一％であった。ところが、九州の最大の輸出品は、正に開港成った博多湾を利用しての石炭・セメントなどの一次産品の輸出であり、これが三千百万円に達し九州全体の輸出額5400万円の五八％に成っていた。さらに重要なのは、この年の日本からの石炭・セメントなど一次産品の輸出は、全体で4100万円に過ぎなかったので、この分野の九州のウエイトが七五％にもなっていたことである。終戦直後、わが国の港が殆ど壊滅状態だった時、会頭の河部が言う通り、博多港の再開に尽力した商工会議所の行動力は、当時において目を見張るものだったと言ってよい。

昭和二十五年（一九五〇）、これまで任意団体だった商工会議所は、新法によって社団法人と成る。戦前全国百四十四だった商工会議所が、戦後僅か数年の間に三百八カ所と二倍以上になっていたが、あくまで任意だったために中には会員も揃わず組織の体を成していないものもあった。社団法人とすることによって、資格要件を整えたことに大いに意義がある。

特殊法人商工会議所の誕生

さらに商工会議所が、それぞれ地域に密着して総合経済団体としての役割を果たすためには、従来の社団法人という民法上の私的団体ではなく、公的な性格を賦与した「特殊法人」として位置付けるべきだとして、昭和二十八年（一九五三）新たに法律が制定された。その後、「特殊法人等合理化計画」に基づき、平成十四年（二〇〇二）に、改めて「特別民間法人」という機関として位置付けられている。今日まで若干の規定の改正はあるが、基本的には特別民間法人、すなわち「公」と「民」との調整役という性格は変わっていない。

特殊法人として商工会議所が果たした役割は、日本商工会議所を中心とする全国的なわが国経済・社会・文化に果たした役割は数多く挙げられるが、地方においても各地域で大きな貢献を行ってきた。それを、九州の中の福岡商工会議所に絞って取り上げてみると、少なくとも次の六つのことが挙げられる。

第一は、電力会社への支援である。特殊法人に移行した商工会議所は、昭和二十六年（一九五一）ポツダム政令によって、電力再編成が行われた折も、福岡商工会議所は積極的に発電から販売までの電力一貫方式を積極的に支援するなど実績を残した。さらに、高度成長への足掛かりは火力発電の建設が急務だとして、九州各県の知事への働きかけなどを積極的に行った。

第二は、同じく高度成長時代に向けての、卸小売業界秩序の提言と具体化に当たってのアドバイスである。先ず昭和三十一年（一九五六）百貨店協会から諮問を受け、百貨店業界と専門店、スーパーとの調整を検討したことから、課題は徐々にコンビニとの売り場面積、営業時間、シェア、販売価格調整などと幅広くなり、特殊法人である商工会議所の役割は一層高まっていった。

第三には、昭和四十八年（一九七三）に八十六万人になった福岡市が、政令指定都市に移行し新たに「区制」を敷いたので、中小企業に対する支援活動が遣り易くなった。そのことを受けて、商工会議所では四十名程度の「経営指導員」を設けて、各区にきめ細かな経営改善活動を実施している。その成果は、高く会員に評価され、行動する商工会議所の原型が、この時出来上がったのではないかと思われる。

第四には、同じ年に福岡市は、札幌や都城など十三の都市と一緒に、その代表格として「商業近代化計画策定地域」すなわち、「産業近代化モデル都市」に指定されている。具体的には中小企業庁から日本商工会議所に委託して、各地域の特徴を織り込んだモデル都市を毎年策定し、都市のスケールと環境に応じた将来の、商業施設近代化の青写真を創ろうというものである。

全体の受託窓口を、福岡商工会議所が引き受けたので、会議所では緊急に「商業近代化福岡地域部会」を設けて、業界代表、学者、消費者代表などを糾合して議論を行い、総合計画書などをまとめた。具体的な提言内容には、新しい地域主権の確立や住民への商業サービスの徹底、さらには新たな交通体系への適応や商業の担い手、後継者の育成問題などを取り上げている。

昭和四十八年と言えば、オイルショックの年であり日本経済の一つの節目であったので、今後の日本の経済社会が向かう方向を意識し、福岡と言うよりも九州の今後の長期ビジョン造りの土台とも成ったと言えよう。

第五には、昭和五十年（一九七五）に開通することと成る博多駅への新幹線の乗り入れと、地下鉄の開設準備が挙げられる。

福岡商工会議所は、これらについても地域を代表する中核の経済団体として、新たに部会を創ったりしながら、昭和四十年（一九六五）頃から熱心に議論を重ね、また前向きに街作りにどう活かして行くかを、鋭意検討し関係方面に提言や意見具申などを行っている。

第六には、このように発展目覚ましい特殊法人福岡商工会議所のシンボルになる、新たな会議所本体のビルを創りたいという意欲が急速に高まり、昭和四十五年（一九七〇）十二月現在の博多駅前二丁目の福岡商工会議所のビルが新築されたことである。『百年史』には、次のように書いてあった。

「四十四年四月着工いらい一年七カ月、総工費9億7628万円余を投じて建設された地下二階、地上九階の近代ビルで九州の代表商工会議所にふさわしい堂々たる殿堂の誕生であった」

【第六期】

現在の福岡商工会議所

「今後の日本を引っ張る時期」（オイルショック～現在までの三十七年間）

オイルショックとは、殆ど国内に資源エネルギー源の無いわが国が、以上に見たように低廉な資源エネルギー（具体的に言えば中東その他の石油・天然ガスやオーストラリアなどの鉄鉱石や石炭など）を、正に湯水の如くどんどん日本に輸入し、それを基に付加価値の高い加工貿易品を輸出出来た状態が、一挙に崩れ落ちた事件の始まりを表している。

私たち日本人は、戦後二つの条件に恵まれて「匠の技術」を活かした生産手段によって、易々と付加価値の高い商品を作り、海外に輸出して来た。一つは「東西冷戦」の深刻化の裏で、日本の商品が西側諸国に安定的に輸出出来る体制が保証されたことである。特にアメリカは、豊かなアメリカンドリームを実現するため、為替レートに保証されて日本人が製造した高級品を比較的安価なコストで手に入れ、生活を充実出来た。それは主に、住宅用の装飾品と高級乗用車などである。特に、とても一生買えそうもない高級住宅を手に入れた下層階級の人たちまでが、金融工学システムの魔術によって一時の悪夢を楽しむことが出来た。

最近欧米諸国や産油国などにおいて、また中国やインドのような新興国において、一昨年のリーマンショックを克服して、経済が構造的に蘇って来たという統計などが披露されると、一時日本を含め全ての国々が危機を脱したかのような、風潮が現れたりする。

しかし、回復はそう簡単ではない。

何故なら、アメリカを始め経済が蘇ったという指標が見られるような国は、間違い無く「自国に重要な賦存資源を保有する国」に違いない。例えばアメリカは今でも現実に国内に、日量二百七十万《バーレル》の石油資源を保有する世界第二の資源国である。中国は、石炭・石油はもとより農産物資源も大量に保有している。中東の殆どの国やロシアもインドも、またブラジルやメキシコでさえ、日本人が考え付かないぐらいの資源国である。

それに比し、わが国は全くそういうエネルギー資源を持っていない。しかも、湯水のように使ってきたエネルギー資源が、「オイルショック」後に高騰して、一時は１００《ドル》／《バーレル》になったが、しかし現在でも80《ドル》／《バーレル》前後を保っている。それに釣られて、天然ガスの価格も、また鉄鉱石や石炭の価格も大幅に値上がりしている。

少し長くなったが、日本を支えてくれた戦後の幸運な条件が崩れて仕舞っているのである。だから、これからのわが国の産業構造あるいはシステムを変える必要が在る。

今から三十七年前になるが、昭和四十八年（一九七三）にオイルショックが発生したとき、一人の若手官僚堺屋太一が『油断』という小説を書いて、ベストセラーになった。彼は、その後考え方の軸足を「人間の無限の知恵」という点に置いた。そうして、「人類は知価革命によって新たな付加価値を見出すしかない」と述べ、そうした本を沢山書いている。日本人は「匠の技術」を今後も追求するしか生きる道はないというのが、彼の結論のようである。そして、アイルランドやアメリカを参考にしてはどうか、というような考え方である。

但し筆者はこれらの国々が、日本の国土そしてその風潮とは、全く異なることを敢えて述べておこうと思う。例えばアイルランドだが、ここでは外国の金融資本と外国人（アメリカ、インドなど）を全くフリーに受け入れている。そうした政策によって、いち早く今回の金融ショックを乗り越えて、かつ少子高齢化の問題を解決して、ヨーロッパで唯一経済成長を成し遂げ続けているところだと、アメリカのジャーナリストが述べている。

国の大きさは、九州の三分の一ぐらいで、人口は二百八十万人程度の国である。ところがどうだろうか、もしも日本という国が、そして九州という地域がアイルランドのように自由に外国資本を受け入れたり、外国人をこれから直ちに受け入れるということが出来るだろうか。とても、無理だというのが大方の意見であろう。

よって、アイルランドのようなことは、そう簡単にはわが国の風潮としては行えず、寧ろ「和の精神」を引きずっているため、仲間内で上手に助け合おうとするだろう。政権与党になった民主党は、正に今そういう方向に向かっている。そこで積極的に強調され出したのが、福祉・介護・医療・健康増進・環境などに国家予算を大幅に注ぎ込んで、それによって内需拡大を図り、同時に雇用を創出するという方針である。景気が落ち込み、財政基盤の柱である税収が落ち込んでいるので、無駄な支出を徹底的に抑えることにし、経費圧縮のための事業仕分けを行い、同時に当面は国債を増発してそのための資金繰りをしていこうとしている。

商工会議所は、こうした方針に協力せざるを得ないが、正直なところ国債の赤字を膨らませて、医療や介護や環境対策を推進することで、本当に内需が思ったように拡大して雇用も税収も計画通り、数年後には確実に増えるのだろうかという心配は消えない。最近EU内で生じているギリシャ政府の、デフォルトのようなことは起きないだろうか。

何か、みんなが安心出来るような材料はないだろうか。

会頭の河部に筆者が述べたのは、「わが国が持っている、固有の賦存資源を活用し、それを昔のように海外に輸出するということを、積極的に考えてはどうでしょうか」、ということだった。

昔のような金銀銅は、すでに無い。だが産業分類で一次資源と言われるようなものは、今でも在るはずではないか。例えば、水資源、農業資源などを、もっと海外への輸出ということで、中小企業の「匠の技術」が活かせないだろうか。さらに、現在の二次加工産業や三次のサービス業、中でも「観光資源」といわれるようなものと、水資源や農業資源を結び付けることで、活かせないだろうか。もしそれが活かせるなら、そのための制度改革に会議所はしっかり取り組む必要がある。

こうした課題を、先見的に進めようと会頭の河部は考えている。それが、「目指せ、日本一だ」を真剣に追求していく、「行動する福岡商工会議所」の大きな軸足である。

第二話以下に、そうした河部以下の「志《こころざし》」をしっかりと取り上げてみようと思う。

第二話

百三十年目「天命」を受け登場した河部浩幸

（一）

河部会頭への期待と役割

人間は誰でも、一年の間に何十人何百人、中には何千人もの他人に会い、会話をして何かの行動を興し、そして生活を続けている。こうしてそれぞれに時に、一生記憶に残るような人物に巡り会い、人生の生き甲斐を高めることがある。その回数が多い人ほど、幸せな人生の持ち主だと思う。

もうすぐ八十歳という長い道のりを生きてきたが、その数は残念ながら余り多くない。そうした中で、今回河部浩幸という人物に巡り会えたのは、筆者に取って実にラッキーな出来事の一つであると感じている。

何故なら、これほど惚れ惚れするような情熱を感じた男に、今まで会ったことが無かったからだ。すでに五年前になるが、一度随筆に登場して貰ったことがあった。その時、この人を紹介するためのタイトルが、「お客様のため『そこまでやるか』の達人」という何ともユニークなものだった。

理由は、以下のようなことである。

その当時（二〇〇四年）株式会社九電工の社長に、プロパーから久方振りにトップが出たということがきっかけだったが、毎朝この人は実に七時前から、すでに出勤し社長としての陣頭指揮に当たっているという噂だった。

私は、本当かなと思って初対面の時に本人に直接聞いてみた。すると本人は、平気な顔で「本当はもっと早い方が良かですが、まあー七時がぎりぎりじゃなかかと思っとります。私は昔から現場第一主義ですから、直接支店長たちに質問して確かめるのが、一番大切と信じとります」

河部浩幸・福岡商工会議所会頭

さらに、次のように続けた。

「支店長たちが、仕事に掛かる前に指示しておかないと意味が無かでっしょが、そう思うわけですたい」

そして笑顔で、「そこまでやるか、という意気込みそのもんが非常に重要です」と付け加えた。

このように、河部の行動は徹底している。だから、「そこまでやるか」の信条通り、お客様の要望を先取りして、果敢に仕事の采配を振るうという状況をタイトルに顕したのだった。

河部浩幸の本職は先ほど述べたように現在も、九州経済界切っての優良会社九電工の代表取締役会長である。このように、以前から躍動するような若さを感じる人だった。

ところが、今回改めて久方振りに面談したときの元気度が、一段と飛躍した感じを受けた。もちろん、朝の出勤は昔と同じく早いという。

ところで、彼の元気度の違いは何だろうか。言うまでもなく、商工会議所の務めと関係する。なぜなら、彼は毎日忙しく九電工の経営を指揮しながら、すでに数え切れない公私に亘る二百近い役職を務めている。ところが今回殊もあろうに、地域地方の公職では最も忙しいと言われる、商工会議所の会頭に就任したのだ。もちろん前任の会頭だった田尻英幹から、断ってのお願いも在ったのだろうが、それだけでなく今回河部浩幸の会頭就任は、福岡というより、九州経済界の総意だったといってよかろうと思う。

彼は、「天命を受けた」のである。こうして今から二年前の、平成十九年（二〇〇七）に会頭に就任した。

2008年11月の福岡商工会議所新体制会見の模様

そうして、筆者はこの河部のような人物が居なかったら、九州の商工会議所は、今頃火が消えたようになっていたのではなかろうかと思うのだ。逆に今、福岡を先頭に九州に在る七十九の商工会議所が、一致団結より良い行動する集団へと燃え始めている。正に組織というものは、その時を得た人物のリーダーシップによって生まれ変わるということである。

河部が会頭に就任した当時、日銀の引き締め政策によって公的金利が上昇し、その結果すでに世の中はデフレ状態に陥り景気が悪化し出していた。企業の倒産やM＆

Aなどが増加し、中小企業には厳しい時期であった。そうした状況の中で、今度は運悪く例のサブプライム問題が発生した。悪夢が二重写しになった。

すなわち、世の中は二〇〇八年八月のリーマンブラザースの破綻をきっかけに、急激に未曾有の国際的な金融市場への打撃となり、一層世界中の景気に暗雲を垂れ始める。日本も、直接の打撃は少なかったと言われるが、しかしボディブローが効き始めた。先ず、アメリカの景気が急速に落ち込んだため、自動車や家電製品など

新入会員交流会

会社合同説明会　2000名を超える学生が参加

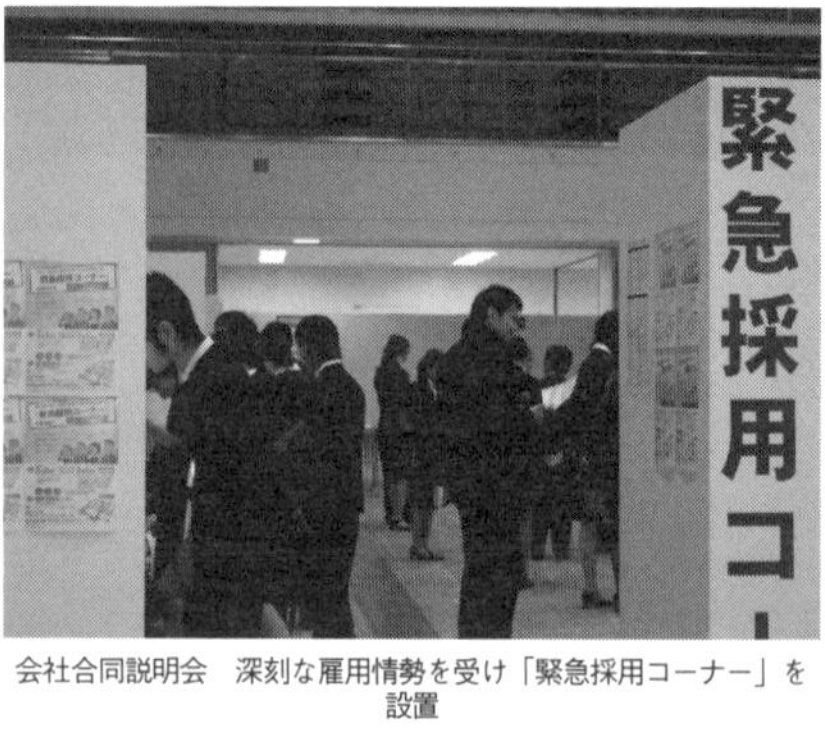

会社合同説明会　深刻な雇用情勢を受け「緊急採用コーナー」を設置

の輸出が激減し、トヨタやキヤノンや東芝などをはじめ、多くの製造業が派遣労働者の解雇を行い始めた。もちろん、一番のしわ寄せが地方のしかも中小企業に来る。

それに三つ目にもう一つ、深刻な不況の輪を広げたのが、自公政権から民主党連立政権への政治変革であった。九州は、特に昔から設備投資における公共事業のウェイトが大きく、全国平均より一、二割高くなっており、全体の七割に達するのが実態である。新内閣のコンクリートから人への発想が影響して、事業仕分けのための工事ストップが相次ぎ、それが中小企業の倒産を誘発したりする。

河部は、会頭に就任した途端に、もろにこうした三つの対策に明け暮れる日々が続くようになった。それをなんとか切り抜けて元気を取り戻すための、あらゆる方策と対応について、リーダーシップを取らなくてはならない。それが、正に商工会議所会頭の河部の役割である。

彼は今福岡の会頭であると同時に、九州全体七十九カ所の商工会議所の連合会の会長であり、さらに地域を代表して全国を統括する日本商工会議所の副会頭をも兼務する。この混迷の時代に、そういう大任をこなせるリーダーは、彼しか居ないと思った。正に、天命を受けた男である。

商工会議所の役割の変化（二）
――会員増強運動との結び付き

「商工会議所というもんの役割が、今までと大きく変わりつつあります。それに地域社会と国民生活の上で、これほど重要な公的機関は、他にはなかと思いますよ」と、河部は大きく両手を広げて表現した。

その上で、次のようにつけ加えた。

「こういう風に大きい見方で、考えるとですね。会議所というのは、非常に地域の経済とか生活に密着している。それにもかかわらずですたい、逆に商工会議所の認知度が段々に低下しているとしか思えません。会議所の会員数が、段々減っています。これでは、伝統ある経済団体の致命傷になりかねない。私は、そう思うて、早速会員を増やす運動を始めたとです」

今から十五年前の平成七年（一九九五）に、福岡商工会議所の会員数は、一万六千六百五十一事業所に達していた。ところが、平成十二年（二〇〇〇）には四千百事業所すなわち二五％近くも減って、一万二千百五十五事業所に激減した。

どこの会議所も傾向は同じで会員の減少に悩んでいる。福岡は、その後懸命に努力して河部が会頭に就任する直前に、一万五千八百九十八事業所まで回復していた。それを、会頭になった一年目に、十二年振りに漸く一万六千人に乗せた。そうして、三年目の昨年（平成二十一年度）に大変な大不況の中にもかかわらず、一万六千三百三十五事業所まで戻し、なお現在増加中である。これは、全国でも珍しい現象だ。

若手ビジネスパーソンの交流会「福商ビジネス倶楽部」グループディスカッション

若手ビジネスパーソンの交流会「福商ビジネス倶楽部」グループ発表

会頭、副会頭他、会議所のトップ役員だけでなく、専務理事の橋本洸以下の事務局職員も一斉に懸命の努力をしている。その効果は、実に大きい。

そうしたことを踏まえて、さらに河部は次のようにつけ加えて述べた。

「昨年十月、わが会議所は百三十周年を迎えるという重要な節目でもありました。だからですたい、会員を増やすというのはもちろん、わが商工会議所が今の時代だからこそ、みんなのために必要であるという訴えをせねばなりまっせん。このため、新たな展開が必要です。それは何か……」

一呼吸置いて、会頭が次のように強調した。

「役に立つと思わなければ、誰も新たに会員になってくれまっせん。事業の手助けから、商品販売や委託取り次ぎのお世話と色々な講習会や文化やファッションの話などをはじめ、ちょっとした相談ごとまで、あらゆることをみんなが嫌がらず、明るい顔で役員も職員も一緒になって、きめ細かく行動すること。会員を愛することと。そして、信用を得ること。これしか無いとですよ」

会頭河部浩幸が、親身に話してくれた。ところが、驚いた。後でしっかり登場する五人の副会頭も、部会長や委員長もまた事務局員も、異口同音に同じ趣旨のことを述べるではないか。

また河部は、百三十周年を迎えた昨年を、「新たなキックオフの年にしたいと思います」と述べていた。

この河部の真剣な訴えを踏まえ、筆者も覚悟を決めて、今回は商工会議所の単なる人物の紹介ということではなく、会議所の役割の変化そのものを浮き彫りに出来ればと思った次第である。もちろん人物と共に、河部が言う通り「商工会議所」という明治以来のれっきとした、公と民との連携役を組織的に果たしてきたところを、是非分かり易く以下に紹介したいと思う。

会議所の歴史の流れを考える

ところで河部は何故、今の時代に商工会議所の重要性を訴え、百三十周年を節目にその役割を「キックオフ」の時とまで言うのであろうか。それを筆者はもう一度考えてみた。

結論的に言えば、それは会議所を取り巻く大きな環境の変化の中で、先ほど述べたようにじっと単に守りの姿勢だけで居ては、問題が解決しないことが会頭の河部に見えて来たからであろう。

すでに説明した通りだが、百三十年前に発足した当時の会議所は、先ずコンプライアンスを守る「商法会議所」として発足している。それから「商業会議所」になり、時を経て読んで字の如く「商工会議所」になった。だが、あくまで『商』が『工』よりも先に在る。これは、商工会議所の発足当時は、正に商業が中心であったことを顕している。

明治維新によって開国した、わが国の最も重要な政策は、海外貿易であった。商業の役割は、貿易をするための重要な手段である。この当時の日本からの輸出品は、生糸・お茶・米・銅が四大主要品目だった。その代価で日本に輸入したものは、綿花・砂糖・毛織物・鉄である。要するに一次産品の輸出入である。よって、当時の会議所の会員の中心は、商人とこうした一次産品の事業者および金融の関係者であった。

その後時は流れたが、商工会議所は殆ど創業時の役割を保ったまま、それぞれの地域社会と共にその機能を維持発展させてきた。さらに戦後にも引き継がれたが、ここでわが国の資本主義社会の高度化が、商工会議所の会員構成にかなりの変化をもたらした。

すなわち従来の商業中心の会員構成から、むしろ構成の内容が製造加工業の分野をはじめ、サービス業まで幅広く拡がって行った。しかも、商業の中味は、観光事業や情報産業を含むものとなった。こうして、『商』と『工』とが、同義的に扱われる時代になったのである。それが、長い間続いてきた。

ところが二十一世紀に入って、さらに様相は全く異なってくる。特に、先ほども述べたように、河部浩幸が会頭に就任した頃からの変化はすさまじい。現在の商工会議所が関心を持たねば成らないのは、第一に一次産品である資源エネルギーの大幅な値上がりであり、同時に第二には地球環境問題が避けて通れない課題としてのし掛かってきていること、さらに第三にはわが国に特異な少子高齢化という新たな課題に中小企業者が直面し始めたことである。つい最近の報道では、日本の歴史始まって以来初めて、女性の数までが減り始めたとのことである。

さらに、第四にと言って良いだろうが、遂に最近の報道では何と中国の大手家電メーカー（例えばハイアール（世界市場ですでに年商約1兆7000億円））が、日本に電気冷蔵庫や洗濯機などの家電白物商品の販売攻勢をかけてきたという（二〇一〇年五月三日「日本経済新聞」）。性能が殆ど同じで、日本製品より安くアフターサービスも充実しているとすれば、日本のメーカーは正に太刀打ちできない。

要するに、会議所の扱う課題が地場に密着している中で、かつての状況と違って、超スピードで情報が伝わり、しかも動いていくため、直ぐにしかも具体的に対応をしなくてはならなくなっているということである。

同時にグローバリゼーションの発達の中で、地域に密着していた公益的事業や農協や郵便局までが、事業の市場適応化と効率性を求め出してきている。

そうしたことから、法的に地域の商工業の絆を図る役割の在る商工会議所が、公共的社会奉仕の精神を活かして頑張るしかない。それが、正に会頭の河部が主張する、「そこまでやるか」の大方針に繋がっていると筆者は思っている。

ところで、読者もご存知のように、現在日本における経済ないし経営関係の横断的な団体には、この商工会議所（商工会をも含む）の他に、日本経済団体連合会と各地域の例えば九州経済連合会（現会長は松尾新吾）、経済同友会（福岡経済同友会現代表幹事は石原進）、および経営者協会（福岡県経営者協会会長は長尾亜夫）の主に四団体がある。しかし、れっきとした法律の下に成り立っているのは、河部の商工会議所だけであることを付記しておこう。

百三十年目の商工会議所の役割（三）
―「守りか攻めか」から「同時駆使」の二刀流へ

経営戦略には、よく守りか攻めかという表現が、適材適所に使われる。長い間の商工会議所の運営も、先ほどから述べるように時代と共に守りか攻めかを繰り返してきた。一体今そしてこれからの河部浩幸が引っ張る会議所は、どのような戦略が必要なのであろうか。

河部は後ほど述べるように、根っからの熊本の出身である。だから彼は、熊本の歴史には精通している。

今からちょうど四百年の昔、北九州小倉藩から、肥後熊本を治める細川藩の藩主忠利に最後に召し抱えられた五十七歳の宮本武蔵は、六十二歳で亡くなるまでの約五年間に、あの有名な二刀流（二天一流）という剣法を、武蔵直伝の『五輪書』に纏めたと言われる。要するに、この剣の使い方によって、相手に如何に勝つかという真剣勝負の世界を説いている。

詳しい内容は省略せざるを得ないが、ともかくこの際の武蔵の論理は、守りか攻めかのどちらかではなく、守りと攻めの「同時駆使」の手法である。この手法はどうやら、河部浩幸の話に通じるのではないだろうかと筆者は思った。

会頭の河部が、「そこまでやるか」という経営手法は、一方的な攻めやあるいは守りだけの経営戦術ではない。むしろ、毎朝支店長達に新たな世の中の動き、すなわち変化の情報を捉えて、地域別あるいはお客様の階層別に、時には方針通りに進め、また別の場面では無理をせずに対応する。すなわち守りに徹する。その上で、今度はむしろお客様に問題点を進言しながら攻めるというような、守りと攻めの双方を利用する。こういう多様な、かつきめ細かい対応こそ重要であるというモノだろうと考えた。

すなわち、これからの時代は、武蔵の二天一流のように守りと攻めの二刀流を使う時代になって来て居るように思えるからだ。

さて、歴史を紐解くと、わが国で初めて商法会議所の名前で会議所が設立されたのは、明治十一年（一八七八）であり、福岡は東京、大阪、神戸、堺、長崎に次いで、全国六番目にその翌年の十月十三日に設立されている。それから、今年はちょうど百三十一年目《昨年が百三十年》ということになる。

このように、創立百三十一周年を迎えた福岡商工会議所だが、その寿命は相当なものだ。しかしわが国は組織社会の国であるから、企業の寿命は世界的にも相当に長いという特徴がある。中には、千年以上の企業が数社在るという。専門家によると、三百年以上の企業が二千社以上もあると述べている。しかもその中では、中小企業が半分以上という状態である。そうした企業を引っ張る会議所は、単に長いだけでなく中小企業が自らの新たな発展に自信が持てるように、先を読んで行く必要があるということだろう。

少し、過去からの流れを辿ってみよう。

（四）

明治創設時は守りの商工会議所

渋沢栄一の伝記を読んでいると、なかなか面白いことが書いてある。渋沢は、日本に最初の会議所すなわち東京商法会議所という名前で、会議所を創った人物だからだ。要するに、是非民間からの政府への陳情団体を、創って貰えないかと頼まれたというのである。それは、どういういきさつによるものなのか。

すでに、「第一話」で、商工会議所の歴史を「六期」に分解して説明したので、大方理解されていると思うが、よく物事が混乱したときなど「原点に還って考えてみよう」などと言うように、先ずは商工会議所の出発点が肝心である。そこで、若干他の視点も入れて念のために、もう一度触れておこう。

明治維新を経て、一応近代国家になった日本では在ったが、誠に商取引のルールは勝手なことが多かった。先ず今まで政権の中核にいて、物事を取り仕切っていた「武士階級」は、その役目を終えて無くなったので、忠実に過ごしてきた者ほどなかなか他の職業に就けなくて、要するにハングリーな連中を多く輩出した。現金無しに、「ツケ」で買い、その支払いが出来無ければ商人は踏み倒される。これでは、商売にならない。侍だけでなく、無頼の無法の徒も居る。外国人も、自分の商いの手法を振り回す。地方によっても、担保を取るところから、現金払いでないと取引を拒否するところなど、種々違いが在った。

そこで、早々に商いのルールを統一する必要に迫られたというのが、真相であろう。とにかく欧米諸国の場合と違って、民主的な組織作りが国民の自らの意志で施されたものではなかったので、制度的な欠陥が種々発生していた。もちろん欧米同様の民主的な議会制度も整っていなかった。このため、民間の意見を政府に整えて提出するという仕組みが殆ど存在しなかったのである。道路や港湾のような、公共設備も今までと違って政府が一括して行うことになった。だが、どれをどのように優先して行えば良いかルールもない。

そこで、民間からの要請によって、例えば鉄道や道路のようなインフラを整備するという理屈を立てることにした。そうした理屈が立たなければ、国家予算が組めない。よって、民間からの嘆願ないし請願機関が、早々に必要になったというのである。

会頭の河部に早速恵贈して頂いた『福岡商工会議所百年史』などの資料を読むと、そのことを裏付けることが示されていた。すなわち、わが国最後の内戦と言われる明治十年（一八七七）も終わった頃には、「政治、社会の諸般にわたり目覚ましい改革が進んだが、経済界だけは個々に分立、秩序と団結を失うことが多かった」ので、業界がそんな状況では、国家の条約改定も殖産興業も貿易の振興もおぼつかない。これは、重要問題だということで、それならば早々に、「民意を反映する本格的な商工業者の組織を設立することの必要を痛感した」と言うのである。

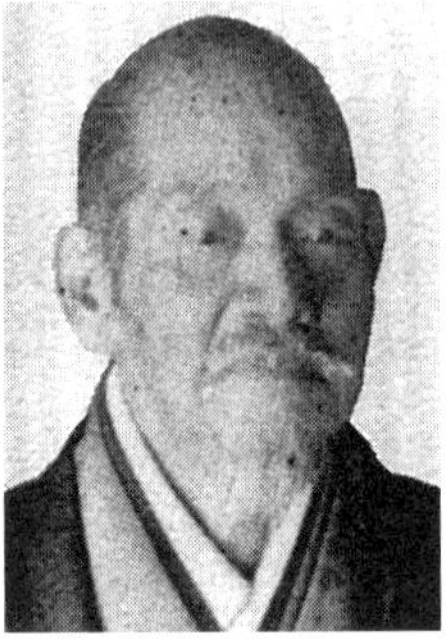
中村五平・福岡商工会議所初代会頭

当時福岡地域は、「福博」と称していたが、その福博の経済界の名士たちが、東京に商法会議所が明治十一年（一八七八）三月に設立されると、喧々諤々の議論を始めた。

「われわれ商売の仲間同士が、ちりぢりになっていては、東京や大阪などに商売を持って行かれる」「いや商売をするのに、そんな『商法会議所』等という組織を作ってしまっては、返って引きずられて迷惑」、しかし「団結しないと、政府の補助も貰えない」などという議論を展開した。

結局、最後は藩制時代からの典型的な博多商人が中心になり、三十二名が商法会議所設立の嘆願書を作って政府に提出し、十月に認可を得て当時の第十七銀行本店内に福岡商法会議所を開設した。初代会頭は十七銀行頭取の中村五平、副会頭は設立に尽力した県会議員で精米業者の熊谷又七が就任している。熊谷は、二代目会頭を務める人物である。

このように、設立当初は近代的な商売を行うための「ルール」をみんなで整えていこうという、飽くまで「守りの集団」として商法会議所が誕生している。現在は、グローバル化の中で新たな制度創りが要請されつつある。後ほど触れるように、福岡商工会議所が他の会議所に先駆けて「コンプライアンス」を強く訴えるのは、こうした原点を見詰め直して見ると、成るほどとその重要性が透けて見える。

（五）信頼の商工会議所ブランドと会員のための実利

このように会頭の河部が、今毎日真剣に取り組んでいる最重要課題といわれる会員獲得努力こそ、言ってみれば商工会議所の知名度を挙げるための最良の方法という覚悟は、実に理に叶っている。

何故なら、商工会議所のような公的団体に、わざわざ会費を払って加入しようとする人は、単なる義理だけでは長続きしない。そこに、人を引き付ける商工会議所というシンボルのブランドの下に所属するという誇りと、もう一つは実利が無ければならない。

前者は、信頼と品格が会議所に在って、初めて勝ち取れることであろう。福岡商工会議所の場合、初代会頭以来百三十一年間に亘って、会頭はもちろんのこと殆どの議員や役員の顔ぶれを見ると、正に信頼できるジェントルマンである。

現会頭の河部浩幸と五人の副会頭は、そういう意味の品格識見において、実に素晴らしい内容の経歴と実力を溜めた人たちばかりである。また、立派な品格が備わっていなければならない。そうして、福商のバッジを付けた職員も、地域と市民に心から信頼されることが重要である。

後者のことだが、是非商工会議所が今後とも入会した会員に、「実利」をもたらすことが重要な課題である。

「福岡商工会議所のご案内」というカラー刷り小冊子が在る。実に良く出来ている。先ず「商工会議所のメリット（会員様の特典）」という紹介が載っている。
＊「会報誌を毎月お届けします」
＊「Eメールで会議所からの情報をお届けします」
＊「ホームページの開設をお手伝いします」
＊「有利な条件で融資を受けることができます」
＊「ビジネスモールを利用いただけます」
＊「各種講演会やセミナーにご参加いただけます」

これだけの素晴らしい機能を備え、かつ実践しているという商工会議所の活動実態の情報は、残念ながら一般市民には多分殆ど知られていない。

さらに、ポケットに入るぐらいのこの冊子には、イラスト入りの説明文などを活かした、①経営相談　②情報化・人材育成　③幅広いサービス提供（共済制度、PL保険、各種健康診断など）　④情報提供（ウェブサイト、電子メール配信など）　⑤会員交流　というような情報が満載されていた。

中小企業経営者への情報提供サイト「けいえいonline」

このように、すでに商工会議所は、素晴らしいブランド力と会員のための実利を図る道具を用意している。筆者の周りの何人かに、そうした会議所が如何に役に立つ、かつ信頼の置ける組織機関で在るかということだがと尋ねてみたところ、知らなかったという人が多い。こうしたことが、殆ど知られていないのは誠に残念だ。

ふと筆者は、かつての会議所の会員意識の中に、高度成長期に見られたような仲間内の役所的ないし利権的な意識が強かったことが、尾を引いていないかと考えて

職員によるボランティア清掃活動

もみた。もしも、そういう風潮が全国の数在る会議所の中に残っているとすれば、それは残念なことである。福岡商工会議所は、率先してむしろ市民に奉仕する開かれた信頼され愛される団体として、活動していることを是非述べて置きたいと会頭の河部以下全員が、筆者に語ったところである。

　改めて後述するが、例えば毎年五月三～四日のゴールデンウィーク中に開催され、全国からまた海外からも合計二百万人以上の観光客が集まる「博多どんたく」には、商工会議所の役職員が家族も含め、その準備の道路の清掃から始まって、献身的な奉仕活動を行うのである。全国五百十五の会議所のトップを目指す、会頭河部浩幸の意気込みが感じられる。

　これからは、その会議所の認知作戦と、スピーディーに時々刻々変化する市民と地域の企業のニーズを、如何に先取りして信頼され安心安全を得られる商工会議所にブランド力を高めていくかが課題であり、それを会頭の河部は一番望んでいることだろう。

三十一年前の「百周年記念」と現在との比較（六）

最早一年前のことになるが、会頭の河部が一つの重要な節目と位置付け、最大の期待を掛けた福岡商工会議所の百三十周年記念日を振り還って見よう。

彼はインタビューで次のように述べていた。

「百三十周年となる十月十三日は永年（五十年）継続会員や、創業百年会員を表彰する式典など記念事業を計画している。特に記念講演では会員企業に元気や勇気を与え、経営のヒントが見い出せるような講演会を開く。また市民参加型のイベントも予定している。あらためて広く企業や市民に対して商工会議所の存在や役割を積極的にアピールしたい」（二〇〇九年七月二〇日付、日刊工業新聞）

多分このイベントを踏まえて河部浩幸は、商工会議所が二十一世紀における最重要な公益的経済団体として、新たな飛躍をするための節目にしようと考えていたと思う。

そういう意味で少し歴史を翻ってみる。それは、言うまでもなく、今からちょうど三十一年前の、昭和五十四年（一九七九）に行われた福岡商工会議所百周年記念事業のことである。概要を述べると同会議所の「百年史」には、当時のことを次のように記録してあった。当時会頭は、瓦林潔（九州電力会長）である。

「メイン・イベントである創立一〇〇周年記念式典は、十月十五日午後一時から中央区薬院の九電体育館で行われた。式典には永野日商会頭、井村福岡通産局長、亀井知事、進藤市長ら多数の来賓を初め本会議所議員、会員、職員らが参列、その数は二〇〇〇余名を数える盛大さであった（以下略）」

また、式典ではこの時も、三十一社に対する「創業百年事業企業の顕彰」と、三十年以上長期に継続して会員として貢献してきた四百九社に対する感謝状が、それぞれ贈られている。

この時代は、わが国が正に、ジャパン・アズ・ナンバーワンと言われた経済繁栄の絶頂期であり、基調講演のテーマも「一九八〇の日本」と題した、いよいよわが国が米国と共に、世界の覇者となれるかどうか、冷戦の行方とも関係するというような、感度の高い内容であった。その他、商工会議所内に「創立百周年記念パネル展」を一週間開催し、約五千人の入場者があったことや、経済人会議なども開催されていた。

さて、昨年行われた今回の百三十周年の時代背景は、三十一年前と全く異なる。成熟社会と成ったわが国の抱える課題は、高齢化、少子化・地球環境問題・世界的金融破綻の事後処理・不況と中小企業と国民生活の安定化・地方の時代と国家財政の健全化、新興国の台頭と対外外交の複雑化、そして何と言っても政治とリーダーシップなど不安定材料の解消等、ますます困難な課題が渦巻いている。

創立130周年事業式典で挨拶する河部会頭

それを踏まえて、多分河部時代の最も重要視される商工会議所の一層の活躍が問われることになる。会頭の河部浩幸は、昨年の百三十周年記念式典において、次のように述べた。これを、前述の三十年前（百周年）の会頭瓦林潔の挨拶と比較してもらえば、僅か三十年ではあるが、その間の時代の変化と共に、商工会議所の役割の大きさを直接汲み取ってもらえるだろう。

130周年記念式典で祝辞を述べる麻生渡・福岡県知事

「福岡商工会議所は、ここに創立百三十周年を迎えました。本日、記念式典を挙行するにあたり、麻生福岡県知事、橋高九州経済産業局長、わざわざこの日のために駆けつけていただいた釜山商工会議所、申会長をはじめ、各界から多数のご来賓のご参列を賜り、誠に光栄であります。また、会議所の議員ならびに会員の皆様にも、多数ご出席いただきありがとうございます（中略）。

最近の企業を取り巻く環境は、激変する景気動向に加えて、アジアの急伸、人口減少社会、価値観の多様化、地球規模での温暖化の進展などこれまでと大きく変化し、そのスピードも早くなっています。地域ならびに企業が今後の発展を続けるには、これらの変化を的確に捉え対処しなければなりません。とりわけ、「アジアのゲートウェイ」として、成長著しいアジアとの交流は、地域の発展戦略の上でも重要課題の一つであります。

福岡商工会議所は、自ら率先して革新を果たし、新しい時代に対応した「行動する商工会議所」を追求してまいります。これまでの諸先輩方の残された事跡を継承しつつ、地域総合経済団体の特性を活かした事業展開を図り、地域経済の発展に向けて全力で取り組む所存です（以下略）」

（七）

河部浩幸の生い立ち
——政治家を目指し中央大、九電工へ

今年七十一歳になる会頭の河部浩幸は、熊本県南小国町の出身である。しかも、今日まで郷里熊本との関係は、深くて長い。一つ年上で、仲の良い松尾新吾も、熊本で青春時代を過ごしている。二人とも、今や九州経済界のリーダーだが、熊本の風土はそうしたリーダーの育成に、向いているのかも知れない。

さらに付け加えれば、現在の熊本県知事蒲島郁夫も東大教授などを長く務めていたが、生まれ育ちは根っからの熊本県人である。

その熊本とは、九州のどの辺に在るのだろうか。九州以外の、特に少し離れた中部や関東それに北陸、東北や北海道育ちの人に質問すると、案外知らない方が多

い。逆に九州の人間に、栃木県と山梨県の位置を地図上で正確に示せるかと試してみると、なかなか難しい。要するに、同じ日本人でありながら、自分の郷里以外の土地のことは、無関心なのだ。そこで、先ず熊本県の位置付けから述べる。

九州には、七つの県が在る（沖縄県を入れると八つ）。その一つ熊本県は、九州という日本で三番目に大きな島の、概ね真ん中に位置する。人口は約百八十万人。阿蘇の山々から湧き出してくる豊かなミネラルを含んだ伏流水が潤す温暖な地域である。南小国町はその阿蘇北外輪山外側に位置する、のどかな高原地帯である。

河部浩幸は、昭和十四年（一九三九）この街で、長年村長そして村が町になってからは、町長を務める家庭の次男として生まれた。子供六人の、上から三番目だった。最近のような少子化の状況と異なり、河部が生まれた頃のわが国では、兄弟姉妹が六、七人という家庭は決して珍しいことではなかった。

それに或る統計によると、長男は概して甚六と言われるように堅物。末っ子は、甘えん坊である。だが、真ん中特に二、三番目は、気が強く一面大らかな性格の人物が多いというのであるが、筆者が観た河部浩幸は正に、その性格を十分に備えていると思うのである。

河部は地元の小中学校、そして高校を出ると敢えて東京の中央大学に進んだ。その理由について、河部に聞くと直ぐに次のように述べた。

「若い頃は、政治家だった父親の影響でっしょ。矢張り、政治家になるのが夢でした。だから、その勉強をするには中央大学だと思い込んでいました」

確かに調べてみると、総理大臣から代議士や地方自治体の首長まで、多くの人材を輩出している。戦後では、首相の海部俊樹や参議院議長を務めた土屋義彦などが居る。

河部と会話を交わしていると、本当にこの人は政治家になっても良かったかなと思うぐらい、誠に歯切れがよい。歯切れが良いだけでなく、聴衆にフィットする話題を常に提供出来る人物である。一を聞いて十を知り、しかも他人が思い付かないようなアイデアを、どんどん提案してくれる。そのことを、筆者が述べると、次のような応えが返って来た。

「なにしろ、政治家になろうということを、本気で考えて居たもんですから、九電工に入ったのも大学の場合と同じで、建設や電気工事の仕事なら地場関係のことが多いので、『政治』を将来やるための地成らしになると思い込んで勝手に応募して入社してしまった訳ですたい」

そこで、筆者が間髪を入れず質問した。

「どげな理由で、政治家ば諦めなさったんでしたか?」

するとこの時ばかりはややはにかみながら、目を一層細くしておっしゃった。

「こげなこつは、あんまり言ったことなかばってんか……申し上げまっしょ」

こう断った後、河部は次のように語った。

とにかく政治家が目的だから、会社の現場でこれだと思うことは、どしどし述べたという。人のため、また世の中のためになると信じることは、政治家の本領である。よって、上司や周りの者とケンカしてでも、それをやり通そうとした。だから、当然あいつは相当にうるさい男だと、職場で最初からレッテルを貼られた。

「政治家が、自分の信念を曲げたらお仕舞いですたい」というのである。

河部が述べることは、いつもスカッとしていて気持ちが良い。入社はしたが、いずれ政治家に転向すると思っているので、上述のように新入社員ながら、言うことは凄かった。

例えば、電力会社からの委託事業で、配電線を建設すると成った時、設計上は街路灯が四、五百メートルに一カ所となっている。現場に到着して、みんなで仕事に掛かろうとすると、この時その注文の設計書を見ていた河部が、「主任ちょっと待って下さい」と横やりを入れた。

「何んだ、こん若造文句があるのか」

　設計図を手にして、彼が述べた。

「これはおかしいと、思わんとですか。田舎の暗い道端ん所は、少なくとも百メートルか百五十メートルに一カ所は、街路灯が無いと公衆の安全は保てなかと、主任さんは思わっしゃれんですか」

「それが、どうしたというんだ。余計なこつお前ら考えんで早う仕事に掛かれ」

　他の四、五人は、動き出したが河部は動かない。そして、主任に食ってかかる。

「俺は、反対だな……」

「若造、いいか。電力会社さんから委託された仕事だ。言われた以上のことをすると、工事費が持ち出しになるからその必要はない」

　すると、河部はしっかりした理屈を述べる。

「こげな公共の安全に反するような請負を出す電力会社もおかしいが、それをはいはいと言ってただ受けてくる当社のやり方は間違っているんじゃなかとですか」

　こう反論して、動こうとしない。

　上司が、そんなに不服なら、河部はこの仕事から外すと命令する。命令だから仕方がないが、しかし河部はさらに正論を述べる。

「俺を仕事から外してもよかばってん、こんな欠陥工事を請けるのは、当社の間違いじゃなかですか。あのですね、もしもこんな街灯が四、五百《メートル》に一個しかないような配電工事を主任さんが為さってですよ、もしも、ここで何か強盗とか強姦事件のようなことでも生じたら、当社の責任になりますよ。それでも良かち言わっしゃるとですか」

　聞いていたみんなが、やっぱり河部の言う通りだと思う。

「これは、主任さん電力会社に設計を修正させるべきですよ。そうでないと、欠陥工事を請け負ったことになりますよ」

　とうとう工事は、中断することになった。

　これが、未だ入社二年目ぐらいの河部の発言だから、みんながこの若者は大した人物だと見るように成っていく。

そうして、河部は入社六年目に目出度く結婚して家庭を持った。

それを機会に、彼はまず県会議員に立候補しようと考えた。ところが、思わぬ事態が生じた。

それは、真逆と思った新婚早々の才媛の奥さんに、猛烈に反対されたからだ。目算が狂った。

「政治家だけは勘弁してください。もしもどうしても立候補すると言われるなら、離婚します」と宣言された。

理由は、彼女の親戚に政治家が何人か居て、それを若い頃から垣間見てきたからだという。政治家とは、何とも人を口先だけで言いくるめるような人物の集まりだと、奥さんは言うのである。そういう商売は、どうしても嫌だというのであった。

最愛の奥方に反対されては仕方ない。こうして、彼は政治家への道をすっかり諦め、仕事に専念することに成った。

こうして、河部は熱心に社業に精を出し、遂にトップに登り詰め社長から会長になって、現在の商工会議所の会頭をも務める身分である。奥さんの、真摯な言葉にその時逆に励まされたと言っても良かろう。

多彩な事業活動に全力投球　（八）

河部浩幸が務める商工会議所の具体的な事業については、すでに同会議所が発行しているパンフレットから、先ほど一応紹介したところであるが、それはあくまで概要に過ぎない。

むしろ、毎日一分刻みの忙しさという会頭としての河部の仕事の内容は、一体どんなことだろうか。これまた、福岡商工会議所が発行している分厚い最近の事業報告書を見ながら、懇談した河部の言葉を踏まえて、以下筆者なりに紹介してみよう。

先ず河部が会頭になって最初に気付いたことは、元々商工会議所という組織は、形式はともかく、そもそもは国家すなわち政府から是非地域ごとの要望を聞く団体として、作ってくれと頼まれて設立されたという経緯がある点についてだった。

ところが、折角政府から依頼を受けていながら、それが余り活発ではないことが判った。中小企業がへたっているのに、そして政府からもよろしく「問題が在ったら是非要望してくれ」と言われて来たのに、殆ど行動していない。これでは、駄目だと河部は直感した。よって、彼は先ず、率先してそれを実践することにする。大きくは次の三つのことである。

第一は、二十年来に亘って議論されるも結論が出ない「福岡空港の滑走路処理問題」に対して、会頭に就任した翌年度の平成二十年度に二回に亘り、「新空港建設に向けた調査実施に関する要望書」を取りまとめ、自ら行政などに足を運んで要請した。第二に、リーマンショックで急激な景気減退が起きると、すぐに中小企業対策、資金繰りの支援の必要性を行政に要望した。これ以降も、公式・非公式を問わず、何度となく要請を行った。第三に、河部が会長の九州商工会議所連合会では、年一回会議を行い意見を取りまとめるだけだったが、これを年三～四回開催し、各地域経済の商工会議所と懇談を行い、各地の情勢を把握するように努めた。

河部は、特に中小企業が常に要望してきたことではあるが、税の優遇措置、地域産業の振興策、過疎化対策をはじめ雇用問題や資金繰り対策など、当面の緊急且つ重要事項を踏まえて、次々に要望書を提出し確実に運動を展開してきている。

（九）

福岡と九州全体一緒にやらねばの信念
―事務局の優秀な人材が動き出した

とにかく河部は、就任二年目になる二〇〇九年正月から忙しかった。先ずは福岡というよりも、この九州という、一千二百万人以上の人が住み活動している、日本で本州、北海道に次いで三番目に大きい島の、文化的にとても特徴を持った場所、その地域の象徴として、過密化する福岡国際空港をどうするか。このことに、河部は真剣に取り組んでいくことにした。

九州商工会議所連合会総会

滑走路の処理容量、これからの都市開発の制約、利便性や安全性、騒音や地球環境問題などの対策を、専門家を動員し真剣に調査させた。それを基に他の団体をも含めて喧々諤々議論の末、「やっぱり新空港が必要」との案を纏め、改めて県知事や本省などに河部が直接出向いて、調査結果と共に要望書を提出した。

河部がこうしたことに情熱を注ぐのは、とにかく人や物や情報の出入りがスムーズにかつ、どんどん大量に行われるようにならなければ、わが九州は良くならない、すなわち成長しないと考えて居るからだ。

中国やアジアに向かってだけでなく、世界に向かって開きかつ大きく受け入れるという気持ちが無ければ、駄目だと思うからである。福岡だけのことを考えるのではなく、九州全体の発展がそこにかかっているという発想である。

こうして同時に河部は、現福岡空港の国際線ターミナル地域の整備、さらに税関や出入国管理業務のＣＩＱ機能の充実強化を盛り込んだ「福岡空港の充実強化等に関する要望書」や、博多湾に建設したアイランドシティへの自動車専用道路の整備に付いての要望も積極的に行った。その効果は、国や地方自治体の今後の都市化整備事業として、具体化されて行くと思われる。

特に河部は、今までと違って福岡だけのために、こうしたことを行って居るのではないということを、事あるごとに表明している。このためも在って自ら積極的に、各九州各地の商工会議所の総会や記念行事に出かけて行き、「九州全体のために一緒にやろう」と励ます。そうすれば、必ず会員も増えていくという考えである。

専務理事の橋本洸や企画広報グループ長の増田徹也が言うには、九州各地の商工

福岡市へ、中長期的課題について要望書を提出

九商連総会決議事項を麻生首相（当時）へ要望

会議所との集まりには、殆ど年一回程度の定例の集まり以外は今まではやってこなかった。しかし、会頭が河部になってからは実に熱心に、しかも積極的に出掛けて行って「一緒に行動しよう」と、会頭自身が直接訴え実行しているという。こんな積極的な動きははじめてだと、当初は皆が驚いていた。

しかし、今はそれが定着しており、事務当局の職員全員が「商工会議所とは、こんなにやり甲斐が在るところとは、気が付かなかった」と言う。考えてみるまでもなく、筆者が接しただけでも有に数十名は居るのだが、その人達の目の色が違う。前述の専務理事の橋本洸はもちろんだが、常務理事の南里勝利、理事で事務局長の織田孝二、参与で会員サービス本部を担当している渡邊達哉、同じく商工振興本部担当の林田範雄、商工振興本部長の三角薫、同本部経済部長の高比良拓児、会員サービス本部長の野口昭一、総合企画本部長の猪野猛など、いずれも一騎当千の強者である。

彼らについては、次の「第三話」で改めて取り上げることとする。

博多どんたくの様子（右が河部会頭）

（十）質高くきめ細かいサービスで会員増強
―愛される信頼の会議所へ

また会頭の河部浩幸は、スピード感に溢れていて、かつ充実している。すなわち、常に何が一万六千の会員へのサービスに必要なものなのか、事務当局に調べさせ、同時に自らも会員懇談会などに積極的に出席して意見を聞き、会頭主宰のトップ会合で議論し即座に意思決定して実行に移す。

例えば、スピード感と言えば、仕事だけでなく趣味のゴルフの時も同じだ。ごく最近、その河部や松尾、それに副会頭の土屋などとゴルフをする機会があったが、噂の通りティーショットは素振りもせず迷いも無くサッとやってのける。歩きも速い。一方、企画広報グループの課長である増田が言うには、一例ではあるが、翌朝に開催される某会合の挨拶原稿を前日に秘書の井原に届けた。するとその日の夕方、車の中から「数字が違っている」と電話が掛かってきた。増田は慌てて調べたが間違ってはいなかった。その旨、時間外だが御崎にメールで知らせた。ところが、夜十一時頃に増田の自宅に河部から電話があり「増田君、やっぱり気になるな。すまないが明朝もう一度調べてくれないか」と言われた。増田は、早朝五時に出勤し、今度は元データを持ち出して再計算してみた。すると、河部の言う通りではないか。集計表の最後の割り算ミスであった。三カ月程前のことだが、増田が集計の際にうっかり〇・五とすべき数字を、〇・四としてしまっていた。原表の数字は〇・四五であり、コンマ二桁まで四捨五入すべきだったのだ。すると河部は、自ら計算した数字を記憶していたということである。しかも、当日の会合では、増田を思いやってか「〇・四五です」と報告していたという。

話が長くなったが、こうした河部の真摯なやり方は、商工会議所の機能の充実と、会員のやる気を起こさせるまた会員増強の大きな起爆剤になっていると、専務理事の橋本洸と懇談した折、加えて次のように感想を述べていた。

「会頭は真剣です。われわれもぼやっとしていると、ぶっ飛ばされます。だから、商工会議所の職員も大いに生き甲斐を感じて頑張っております」

アイランドシティ・ウォーキング大会の様子

具体的に言えば、例えば「危機管理支援セミナー」というような、企業管理のリスクマネジメントやコンプライアンスの講習会を、経営者向けと企業の管理職クラスにそれぞれ実施し始めた。もちろん、役員陣も講師として登場する。これが人気を呼んですでに、四回シリーズを倍以上に増やした。もちろん、こうした暴力団対策も含めたコンプライアンスの勉強会などを、商工会議所が会員対象とはいえ、何度も実施しているところは福岡だけではなかろうか。
もう一つ河部が力を入れているものに、地場企業の国内販路開拓支援だ。商工会議所で集合形式や対面式など多様な商談会を開催し、二十一年度は、二百三十六社が参加した。また大都市圏に対しても東京・大阪商工会議所が行う商品販売市に参加し、大阪では、昨年九月「買いまっせ！売れ筋商品発掘市」、東京では本年二月「ザ商談！し・ご・と発掘市」などの出展支援を積極的に行い、二十三社が出店し大いに商談に結び付けている。福岡でも大商談会を開催し、「我が社のこだわり商品・サービス」をテーマに開催し、七十四社が参加した。

これからは、一層国際化の時代である。特に九州は、アジアの玄関口として、より高いニーズが海外のビジネスの展開に出てくることが考えられる。大企業は東京とか大阪の中央部門で、もっぱら戦略を考えるだろう。だが、中小企業が中心の地場産業は、自ら地域特性を生かして対応して行かざるを得ないだろう。そこに、商工会議所の役割が大きいと、会頭の河部は考えている。

こうして、会頭の河部の元で、積極的に支援のアドバイザーによるコンサルタント活動を実施した。内容は主として、海外への販路開拓支援のための、商品開発や具体的な貿易・商談に関するアドバイスや、台湾や中国など海外のスーパーやレストランなどのバイヤーとの商談、海外での物産展などを行っている。二十一年度は、六カ国地域向けに九州域内の延べ二百三十五件の商談を支援このうち福岡県内企業は延べ百二十八社で、五十四件が成約に結びついている。

また、台湾や中国において、食品フェアや展示会を六回にわたり実施し、延べ九十社の海外販路拡大の支援をした。

NEW BIZ FUKUOKA（ビジネス交流会）プレゼンテーション

福商ビジネス交流会「バイヤー商談会」

また昨年十月には河部会頭が福岡の吉田市長と共同で、韓国の釜山商工会議所会頭と釜山市長に現地で面談し、「福岡・釜山超広域経済圏の形成および釜山・福岡アジアゲートウェイ２０１０共同キャンペーン推進に関する宣言」の調印を行った。

海外物産展における商談会

福岡・釜山超広域経済圏形成に向けた協力事業の推進に関する合意書の締結

さらに会頭の河部は、すでに業務提携を行って居た福岡・釜山両商工会議所の関係を、さらに緊密にすることを考えた。このため、昨年二月彼は自ら釜山の商工会議所を訪れ、申釜山商工会議所会長と河部福岡商工会議所会頭同士で直接交流を行った結果、このたび業務協定を格上げして、両会議所が「姉妹提携」を結ぶことに合意し、写真で見るとおり直ちに調印した。

昭和四十四年（一九六九）と言えば、アメリカの約十年遅れで日本国民が、３Ｃ（カラーテレビ・自動車・クーラー）を手に入れ、国民全体が中流意識を味わい始めた時だが、未だアメリカでもインターネットやパソコンや携帯電話にまでは至っていない時である。しかし、ピーター・ドラッカーは、この時『断絶の時代』という本を著して、新技術の下での起業、グローバル化、多元化、新知識が生じて、やがて世界は断絶の時代を迎えると書いて、世間を驚かせた。

ところが、ドラッカーが予言して僅か五、六年後には、本当にインターネット時代が到来し、高度情報化がバーチャルな金融ビジネス市場を創り上げ、あっと言う間に、市場経済中心の世の中に世界が突入していったことは、われわれの記憶に新しい。

釜山商工会議所・申会長と姉妹提携の調印を取り交わす河部会頭

そのような反省の基に、すでに会頭の河部浩幸は、積極的に次の時代を見詰めた、すなわち「断絶の時代の再来」を睨んだ企業支援と人材の開発を主体とした新規事業の支援育成を始めている。

もちろん、従来からも行って居た金融税務などの相談窓口や、企業再生についての支援活動は、今回の金融恐慌の影響下にますます重要であり、すでにこの面の組織を改正して、別途述べる通りこうしたセーフティネットの積極的活動を、充実していくことはもちろんだという。

その上で、次代を睨んだ戦略をすでに行っているところに、会頭河部浩幸の真骨頂がある。

住吉神社横綱奉納土俵入り

第三話

五家老、二十奉行、百二十の武将と侍たち

この第三話では、会頭河部浩幸の下で会頭の右腕や左腕となって活躍する人材を中心に紹介する。

本来なら先ず副会頭に当たる、いわゆる五家老から取り上げるのが順序だろうが、会議所の組織全体がわからないと、副会頭が組織の中で何を担当しているかもやや説明し辛いので、順序を逆にして最初に会議所全体の組織概念と、そのそれぞれの部会と委員会などを、先に説明する（付録参照）。

その上で、少し長くなるので、「第四話」で「行動する五家老物語」を展開しようと思う。

そこで、ここでは「第四話」に登場する五家老すなわち五人の副会頭の簡単なプ

ロフィールだけを取り上げておくこととする《なお紹介は、会議所定款の名簿順》。

◎副会頭「野田武太郎」《株式会社ファビルス代表取締役会長》（七十一歳）
【本業・・ビル・建物の環境衛生や保安管理など総合運営事業】

◎副会頭「本田正寛」《株式会社西日本シティ銀行取締役会長》（六十七歳）
【本業・・総合金融機関】

おおほりまつりで黒田長政公に仮装

◎副会頭「末吉紀雄」《コカ・コーラウエスト株式会社代表取締役会長》（六十五歳）
【本業・・清涼飲料水の製造販売】

◎副会頭「樋口正孝」《株式会社山口油屋福太郎代表取締役副社長》（六十七歳）
【本業・・飲食食材製造販売、卸小売飲食サービス】

◎副会頭「土屋直知」《株式会社正興電機製作所最高顧問》（六十五歳）
【本業・・配電機器製造、先端工学系ソリューション事業】

部会を機能的に編成し積極開催（一）

先ほど福岡商工会議所が、どういうように地域に役立つ事業活動を行っているかを紹介したが、改めてそうした活動は一体いかようような組織で行われているかを確かめてみた。

全国津々浦々に、商工会議所が在る。巻末に掲載したように、各都道府県にまんべんなく、とにかく現在、五百十五カ所に設立されている。

よって大変恥ずかしい話で恐縮だが、かつて筆者は「郵便局と商工会議所は似たようなもの。だから、やっていることも、組織も内容も、どこでも同じだろう」、と思っていた。もっとも郵便局は、グローバル化の時代を踏まえ非効率な親方日の丸の特定郵便局などは、小泉改革によって大分整理された。現在二万数千局になったが、民主党政権になって逆戻りの風潮である。

だが言うまでもなく、商工会議所はそれぞれのその地域の特性を反映して、かたちは同じように見えても、中身はかなり違うのである。相当に、と言った方が良いかも知れない。組織を取り仕切る人が違うのだから、当然のことではあるが、特にリーダーの意気込みによっても、非常に違ってくるのではなかろうか。河部浩幸の福岡商工会議所は、正に典型的にその空気が良く分かる。

ところで、きちっとした組織が在るところには、必ず立派な人材が居る。この会議所にも、すでに紹介したように素晴らしいスタッフが沢山居る。

会頭の河部浩幸にその話をすると、「そうかな……、もっと敢闘精神が要る」と言うのだ。だが、資料を提供してくれる総務企画部長の中芝督人も企画広報グループ長の増田徹也も、腰が低くお客様を大事にする心を保ちながら、素早い仕事振り。とにかく、しっかりしている。礼儀正しく、元気溌剌とした俊英である。

鯉川聡という筆者の福岡大学法学部の教え子も、二年前難関を突破して僅か五名の新卒採用に合格。学生の頃からそうだったが、明るく何事も前向きで熱心に動き回る実に感じの良い若者である。彼に会議所の雰囲気を聞いてみた。

「いやー良いですよ、とにかく仕事が遣り易いのではないですか。トップの方のご指示がそのまま末端まで、漏れなく伝わって来ていると思います。商工会議所に就職して良かったです」

事務局から貰った資料によると、商工会議所は一言でいうと、地域経済と社会の振興活性化の手伝いを、限りなく行うことが第一義的に重要であるという。同時に、中小企業に対する事業支援活動を、親身に果たすということが必要なのである。すなわち会頭河部浩幸と五人の副会頭、それに一万六千の会員の中から選挙で選ばれた百二十名の議員、およびさらに絞って選出された四十人の常議員が分担して、そうした二つの基本目標を踏まえ、具体的な活動を整然と行っているのだ。よって、筆者はこの四十名の常議員を含む百二十名の議員を「武将」と考えた。さらに、それを支える事務局に約八十名の職員が居る。彼らを「侍」と考えた。こうした武将、そして侍が頑張ってくれなければ、戦には勝てない。

部会を半分に効率化し内容充実（二）

基本的には福岡商工会議所には、職種別の十一の部会が在り、会員はどこかの部会に所属して、積極的に社会貢献的に活動を行っているし、同時に自らの会社などに支援を要請することが在れば、種々の相談事がスムーズに行える仕組みになっている。それを、以下先ず具体的に説明してみよう。

参考までに明治二十四年（一八九一）十二月博多商業会議所が設立認可された時の定款を見ると、会議は定例、臨時、役員会の三つとすることは規定してあるが、部会や委員会は特に設けていなかったようだ。ところが、戦後昭和二十九年（一九五四）五月、特殊法人福岡商工会議所として発足した時の定款では、次のように二十一の部会が置かれることになった。これを見ると、当時の時代背景が良く分かる。［「部会」の呼称は省略］

繊維生産、繊維販売、食料、漁業水産、建設、建材木工、機械器具、鉄工金属、鉱業、化学、電気燃料、印刷紙業、金融、保険、証券不動産、交通運輸、港湾、貿易、卸売、小売、観光サービス

そして、会員は自分の営んでいる事業に関連した部会に所属することが義務付けられていた。序だが、後ほど触れる委員会制度も同じ定款に規定されているが、委員会は「重要事項の調査研究」ということであり、現在とはかなり目的が違っている。

さて今の会頭河部が取り仕切る会議所には、下記の通り部会は十一に絞られて、

活動を続けている。［括弧内は部会長名、同じく「部会」呼称省略］

食料・水産【佐藤磨】、建設【岩崎成敏】、繊維ファッション【津田悦夫】工業【矢野羊祐】、エネルギー【出光豊】、運輸・港湾・貿易【古賀敬啓】、卸売商業【安部泰宏】、小売商業【正木計太郎】、観光・環境【宮本佳代】、理財【小田原智一】、情報・文化・サービス【井上正】

十一奉行の紹介（三）

――部会の成り立ち

先ほどから副会頭のことを、会頭河部浩幸を補佐する「五家老」と呼んで紹介したので、続く部会長や委員長の「奉行」ないし「特別奉行」と設定して、以下話を進めることとしたい。

そこで、この十一名の奉行の布陣をじっくり眺めると、会頭の河部が新旧と老壮青取り混ぜて、最も有能な福岡の経営陣を総動員していることが良く分かる。少し詳細に、順次見てみよう。

①　食料・水産部会《部会長、佐藤磨》

先ず一番目は、「食料・水産部会」だが、部会長は佐藤株式会社の代表取締役社長の佐藤磨であり、食品・水産奉行を受け持っている。部会所属会員数も千四百九十二事業所と、全部会中三番目に多い（平成二十二年三月末現在、以下同じ）。

福岡は後背地に豊かな農業林業とまた水産事業の宝庫を抱えており、農業生産額は九州全体で毎年2兆3000億円以上を維持し、関東圏に匹敵する高水準に達している。

食料・水産部会総会（佐藤部会長）

最近は、農業の組織形態も大変革期にあり、また水産加工品を含め加工や販売方法も多種多様化しつつあるので、部会長の役割も幅広い。また飲料品生産流通販売の種類も多角化しており、その卸や小売の取り扱いに関わる相談事も、重要なこの部会の役割である。

後ほど「第五話」で、福岡が日本一の理由の一つに、農業に関連した食材が豊富で、海外への積極的な売り込みに、会議所が仲介して積極的拡大を図っていることを紹介させて貰うが、この佐藤磨の「食料・水産部会」の活躍が大きいことが良く分かる。

なお、後で「総務委員会」という会議所の全体を組織的に管理運営する項目が出てくるが、これも実は佐藤磨が同時に担当しているのだ。要するに、佐藤は単に食料・水産部会についての一専門部会長という立場のみでなく、実質的な全体の部会と委員会との調整役を務める人物である。したがって、言うまでもなく、会頭や副会頭との連絡調整の役目も行っている。そういう貴重な存在である。

② 建設部会《部会長、岩崎成敏》

次いで二番目の「建設部会」は、岩崎建設株式会社の代表取締役社長岩崎成敏が部会長すなわち建設奉行を務めている。所属会員数も二千八百五十事業所で二番目に多いが、米国発の経済不況の打撃が建設事業を直撃したため、少なからず資金繰りなどに困惑する会員のため、部会長岩崎の苦労は大変なものである。単純に建設業界と言うが、その中には総合工事業、職別工事業、設備工事業、建築材料卸売業、土木建築サービス業が全て含まれている。その他、同業団体並びに協同組合に関連した仕事も、部会長の役割である。建設事業に従事していた従業員の転業についても、部会としては重要な、長期を見据えた、しかも現実の失業対策を含む守りの課題である。

③　繊維ファッション部会《部会長、津田悦夫》

三番目は、「繊維ファッション部会」である。この部会の会員は、七百二十九事業所。ファッションこそ、成熟社会に生きる人間の最後の欲望の一つとさえ言われる。

福岡ファッションコレクション（展示商談会）

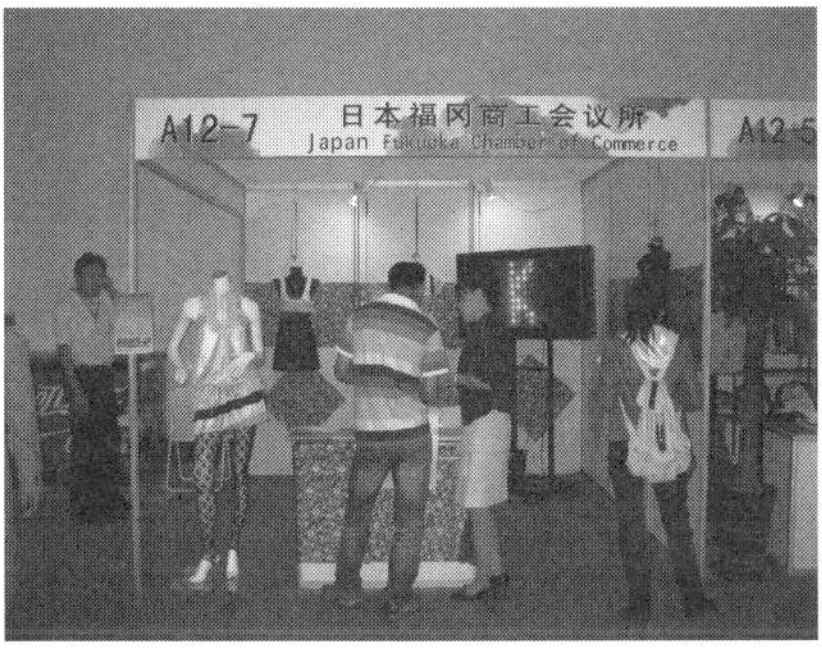

大連で福岡アジアコレクションをPR

よって、この部会は、福岡の伝統文化でもある博多織や久留米絣に代表される繊維事業をいかにして、新しい物づくりの伝統復活を二十一世紀の産業として、定着発展させるかに腐心している。その繊維ファッション奉行は、津田悦夫が務めている。

この新しい物づくり伝統復活については、後ほど紹介する「福岡アジアコレクション」に代表されている。一昨年三月、業界団体や関連業界と行政の協力の下に、会頭の河部浩幸自ら主宰し「福岡アジアファッション拠点推進会議」の会長になって、幹部全員が博多織を活かしたスーツを披露するなど、大いに盛り上げた。よって、昨年三月には、普段に着れてファッション性の在る服地をテーマに、メーカーやデザイン入賞者がオリジナル作を披露するファッションショーを開催し、七千名の観客が集まった。今年三月にも第二回の開催を成功させ、国内・アジアへの展開を画している。

河部たちの目の付け所は、単純ではない。特に福岡の女性は、全国一服装や化粧品に使う支出が高いという統計結果を見ても分かる。

この部会の「ファッション事業」のことも、先ほどの「食料・水産部会」の課題同様に、福岡が日本一に輝く課題の一つとして「第五話」で、改めて取り上げる。
④ 工業部会《部会長、矢野羊祐》
四番目には、「工業部会」が位置付けられている。部会長は、株式会社矢野特殊

自動車の代表取締役会長の矢野羊祐である。要するに矢野が、工業奉行である。この部会の所属会員は、千二百五事業所だという。ところが、扱う業界の数を聞いて驚いた。以下のように十九のメイン業界とその他が、全て含まれているのだ。

たばこ製造、飼料・有機質肥料製造、木材・木材製品製造、家具・装備品製造、印刷・関連事業、化学工業、プラスチック製品製造、ゴム製品製造、窯業・土石器具製造、電気機械器具製造、情報通信機械器具製造、電子部品・デバイス製造、輸送用機械器具製造、精密機械器具製造、その他の製造事業、および関連する事業協同組合・団体

要するに製造・加工事業のオンパレードである。これだけの多種多様な事業が参加する部会を統括するのが、矢野特殊自動車の社長矢野羊祐と聞いて、ふと思い当たることがあった。昨年一月から二月に亘って紹介した、女傑富永シヅという戦後日本で初めて冷凍輸送事業を開始した人物に技術を提供したのが、新宮町で特殊自動車を手掛ける、矢野倖一という人物であったということだ。この人は、矢野羊祐の厳父である。親代々しっかりと、福岡財界に貢献しているということだろうと思い、誠に感心した次第である。

⑤　エネルギー部会《部会長・出光　豊》

五番目は、「エネルギー部会」だが、部会長は筆者の友人の一人である株式会社新出光取締役相談役の出光豊だ。彼が、エネルギー奉行である。

筆者より一つだけ兄貴分の彼は、しっかり実弟の出光芳秀に事業経営を託して、最近漸く大御所になった。この部会の守備範囲は、鉱業、石油・石炭製品製造、電気、ガス、熱供給、石炭・石油卸売、燃料小売、関連する事業協同組合・団体関係と、全エネルギーと鉱物資源まで含めて幅広い。

エネルギー部会主催「エネルギー問題セミナー」の模様

今やエネルギー問題は、環境問題と同義語となってきた。鳩山前総理大臣が世界に約束した、十年前の日本のCO_2の排出量よりも、これから十年後のそれを二五%も減らすという大変な課題に向き合うことになる。しかし出光豊はこれからもますます、福岡財界の長老として無くてはならない人物であり、百五十四事業所の会員のトップとしてしっかり頑張っていくものと信じている。

⑥　運輸・港湾・貿易部会《部会長、古賀敬啓》

次いで六番目が、五百七十八事業所の会員を擁する運輸・港湾・貿易部会。部会長は、宗像陸運株式会社の代表取締役古賀敬啓だ。要するに古賀が、この部会の奉行である。

この部会も、鉄道、道路旅客運送、道路貨物運送、水運、航空運輸、倉庫、輸送関連サービス、貿易、自動車整備、関連する事業協同組合・団体関係と、陸・海・空に亘る事業の全てを取り仕切る。福岡の産業界に占める年間付加価値の割合が、最もウエイトの高いサービス部門の中でも、部会長の古賀が扱う事業が一層のグローバル化時代に向けて、今後の役割も大いに期待されているところだ。

⑦　卸売商業部会《部会長、安部泰宏》

七番目が、千百四十七事業所の会員を擁する卸売商業部会であり、部会長は株式会社アキラ水産の代表取締役社長安部泰宏。

⑧　小売部会《部会長、正木計太郎》

八番目の千三百二十一事業所が加入する小売商業部会長、株式会社マルショウ代表取締役社長正木計太郎と共に、これまた全国の中でも最も高い売り上げのウエイ

街なか観光　商店街の魅力を再発見

街なか観光　ミニお座敷体験

トを占める。

競争も激しいが、両部会の活力溢れる活動そのものが、会頭河部の活気創造に大いに貢献していると言える。今後の更なる福岡商工会議所独自の、両部会の奉行からの発信が待ち遠しい。

⑨　観光・環境部会《部会長、宮本佳代》

九番目が、観光・環境部会。部会長は、紅一点の株式会社三光園代表取締役社長宮本佳代である。観光奉行は、これから内需拡大のキーファクターとして、その役割が大いに期待されるところだ。

会員は、千五百三十三事業所と四番目に多いのは、この部会の守備範囲が、旅行、一般飲食、遊興飲食、宿泊、観光関連業、洗濯・理容・美容・浴場、関連する事業協同組合・団体まで、誠に幅広く含まれているためである。この業界が受け持つ事業は、前述の運輸関連や卸・小売に関係するサービス事業と共に、その事業活動がもたらす付加価値の波及効果も大きいため、アジアに向けてのゲートウェイを標榜する会頭の河部が、ファッションと共に大いに期待する部会であろう。

例えば、都市人口の割合に比しホテル・旅館の数が全国一多いと言われる福岡だが、さらに九カ月後の九州新幹線全線完成と同時に完成が予定される博多駅の整備と共に、この部会の美しく礼儀正しい街づくりへの貢献も期待が高まる。

⑩　理財部会《部会長、小田原智一》

十番目の理財部会は、これまた百三十年前福岡に商工会議所が誕生した時、初代会頭に就任したのは十七銀行の頭取中村五平だったことからも分かるように、当時から最も重要な役割を担ったものだったと言える。現在その部会長を務めるのは、福岡空港ビルディング株式会社の代表取締役社長小田原智一である。

理財奉行の小田原は、最近まで九州電力株式会社の常務取締役を務めていた。退任時、総務秘書部門を担当していたが、超一流企業の重鎮であったことから、敢えてこうした大役を依頼されているのだろう。会員数は、八百九十一事業所である。

事業の発展の基本は、ヒト・モノ・カネの三拍子が無ければ成り立たないと言われる。経済とは、元々貨幣すなわちおカネを中心にした仕組みを表しているのだから、この理財部門の役割は極めて大きい。言うまでもなく、戦後のわが国の成長は、単に中心的な鉄鋼や電力などの基幹産業だけでなく、中小企業も含めて多くの産業の事業が、金融や証券や保険さらには不動産業界、あるいは投資や貸金の親身の支援に支えられて、発展してきたことが窺える。そうして今もまたこれからも、小田原奉行が務める理財という名の金融市場は、あらゆる経済活動の基本であり下支えなのである。

⑪ 情報・文化・サービス部会《部会長、井上 正》

最後に、十一番目の情報・文化・サービス部会という名のすごい部会がある。すなわち、井上奉行の役割は実に大きいということだ。

まさにIT革命によって、ドラッカーのいう断絶の時代へ相応しい部会として活躍が期待される、もっとも新しい部会である。会員数も最も多く、三千五百六十四事業所を数える。その部会長が、ヒューリ装美株式会社の取締役会長井上正である。

この部会の守備範囲を是非知っておいて貰いたいのは、次のように教育から介護からあらゆるものが、びっくりするほどここに所属しているということだ。

通信、放送、情報サービス、インターネット関連、映像・音声・文字情報製作、医療、保健衛生、社会保険・社会福祉・介護、学校教育、その他教育、学習支援、専門サービス、駐車場、生活関連サービス、娯楽、廃棄物処理、機械等修理、物品賃貸、広告、経済・文化団体、その他サービス業、事業協同組合・団体、という具合である。

（四）

百三十周年記念事業「特別」委員会はじめ十の委員会
――記念行事は愛・信頼・行動の起爆剤

「勘違いされては困る。記念事業だからっちいうて、何も十月十三日の式典だけが在るとではなかですよ。今年全体を通して、また来年の事業へとわれわれは歴史の重みを思い出し、未来への確かな足取りのため、しっかりと努力をしていこうちいうことですたい」

昨年『財界』掲載のための取材で、河部を訪ねて懇談した時、彼はこのように述

食料・水産部会が主管する食品まつり「博多うまかもん市」

べた。その通りであり、記念事業は多岐に亘っている。だから、式典だけが重要なのではない。

さて、その百三十周年の検討委員会が創られて以来、委員長でかつ副会頭の一人である、株式会社山口油屋福太郎という会社で代表取締役副社長を務める樋口正孝は、いわゆる目出度い記念となる冠事業として、各種のイベントを企画し実施した人物である。取り上げられた、主なものを拾ってみよう。

五月「博多どんたく港まつり」、六月「ふくおか経済人余技・文化展」、八月「福岡チャリティー歌舞伎」、九月記念講演会と親子スポーツ教室開催、アイランドシティ・ウォーキング大会、そして十月十三日の記念式典を挟んで、会議所ロゴマークやイメージキャラクターの発表、そして翌年一月には、「博多うまかもん市」を開催するなど、多彩な行事が目白押しであった。

樋口正孝には、家老の一人である副会頭としてもう一度登場して貰うが、「昨年の記念行事は、地域に愛され信頼される会議所、そして行動する会議所としての正に起爆剤だったんですよ」と述べる通り、会頭河部浩幸の方針とぴったり息が合っていた。

さて、特別委員会はこの他に、空港問題や会議所ビル将来構想などいずれも長期的課題を扱うものがあるが、先ずは調査研究を担当する委員会から説明しよう。

なお、既述の十一の部会長を「奉行」という名で紹介したので、委員会の委員長もここでは敢えて五人の「特別奉行」という名前で紹介したい。

なるほど、福岡商工会議所の組織は、長い間の歴史の重みを感じる経営組織だと感じたのは、しっかりした調査研究部門を持っているためである。委員会には、上述の特別に時宜に併せて設けられる特別委員会を別にすれば、この調査研究を行う五つの事業委員会と、もう一つ管理運営のための二つの委員会がある（この他、三年ごとに行われる会議所の議員選挙の管理委員会がある）。

① 中小企業委員会《委員長、田中丸昌宏》

おせっかいを誇りとします。
FCCI
福岡商工会議所

新たに発表した福商のロゴマークと
イメージキャラクター

五つの委員会の第一、中小企業委員会はメンバー四十七名で、委員長は玉屋リネンサービス株式会社の代表取締役社長田中丸昌宏が務めている。

要するに、特別奉行の田中丸は、一昨年来の金融恐慌で、中小企業の受注が減る一方、その資金繰りは黒字倒産が続出する状況下に、臨時の委員会も開き早速翌三月、次年度の中小企業の施策について関係当局の専門家を招き勉強会を開催した。現在新たな会議所としての対応策を関係部会と共に検討中である。

② 税制委員会《委員長、井上賢司》

メンバー二十三人で構成する、株式会社大洋サンソ代表取締役社長井上賢司が委員長の税制委員会は、昨年は消費税の引き上げについて議論してきたが、同時に二十二年度の税制改正についてアンケート調査を実施し、企業の法人税が諸外国に比べ依然として高いことなどが、問題点であることなどを取りまとめた。

コンクリートから人へ、そして命を大切にという鳩山政権の予算規模は、遂に過去最高のあと僅かで100兆円に達しようという勢いだが、ムダの圧縮もままならず、また特に納税額は依然として減り続けている。国家の借金をこれ以上は、もう増やせない。後は本格的な内需拡大のための輸出政策と、消費税の増税など税制の立て直ししかない。税制特別奉行である井上賢司の、すかっとした提案が欲しい。

消費税をはじめ地方の税制については、そのうち河部会頭からきちっとした意見が出されることが期待されており、特別奉行の井上賢司から会頭への報告が待たれるところである。

③　アジア交流委員会《委員長、小林敏郎》
アジア交流委員会は、正に時代の寵児である。メンバーは四十五人、委員長の小林敏郎は、株式会社福岡ニットの代表取締役社長である。この二月、北九州・下関・福岡三商工会議所の合同交流会を開き、アジア地域とのビジネスにおいての問題点を情報収集し、解決策を探っている。

④　都市政策委員会《委員長、江頭和彦》
江頭和彦が委員長の都市政策委員会は、メンバー四十八人であり、福岡はアジアの玄関口という地域特性を、国際都市化と結び付けこれからの長期視点での課題を整理中である。

上海万博が開かれた今年、中国からの豪華客船が四月一日を皮切りに、六十六船が博多港などに入港する予定であり、九州の観光ブームに火が付くかどうかの試金石になりそうだ。しかし委員長の江頭たちが心配するのは、一度訪れた新たな観光客が、もう一度来たいという気を起こすかどうかだ。相手の身になって、おもてなしが行えるように、親切でかつ洗練されたサービスを心掛けている。

来年には、鹿児島までの九州新幹線が開通する。その一時的なブームに賭けるのではなく、もっと長期の少子高齢化の時代の流れの中で、都市のインフラの整備そのものが、大きく変わらざるを得ない状況を踏まえ、都市政策特別奉行である江頭和彦の研究調査活動が続けられている。

⑤ 環境問題委員会《委員長、山本駿一》

環境問題委員会の委員長を務めるのは、昭和鉄工株式会社代表取締役社長の山本駿一である。メンバーは三十七名だ。環境問題特別奉行の山本駿一は、元々三井金属のロンドン支店長を長年経験した後、厳父の会社に入ったユニークな存在である。よって、現今の環境問題の重要性をはじめ、世界のエネルギー情勢などにはとても詳しい人物だ。その力量を活かして、会員のアンケート調査なども行い厳しい環境問題にどのように対処していくかを会頭の河部に、早々に提言しようと思っている。

最近地球温暖化ガス、特にCO$_2$を削減することが、世界的な緊急の課題と成ってきた。新エネルギーの開発推進と共にCO$_2$を出さない原子力発電の利用率向上と、原子力の新規地点の確保が重要な課題と成ってきた。特別奉行山本駿一の、こうした面での研究活動が商工会議所の政策課題に、どのように組み込まれていくかが期待されるところである。

⑥　総務委員会《委員長、佐藤磨》

知っての通り、現在会頭の河部が最も力を入れているのが、会員の獲得である。しかし新たに獲得しても、退会者が続出しては全く意味が無い。その会員対応という重要活動の他に、会議所の基本計画や予算をはじめ表彰制度の運用や規程基準の管理運用まで、言ってみれば全ての雑用を取り仕切るのが、先ほどすでに紹介した総務委員長を務める佐藤株式会社代表取締役社長の佐藤磨である。

すなわち、「食料・水産部会」の部会長と総務委員会の委員長を兼務しているのだ。部会と調査研究機関の委員会、それに会社で言えば組織全体の管理運営と経営計画を、収支動向を踏まえながら経営判断する総括部門を治める佐藤磨のような貴重な人材が、一層これからも必要なところだ。

全く企業の場合も同じことだが、雑用係がしっかりしていればこそその組織は安泰なのである。また、光るのである。特別奉行の佐藤は、十一名のメンバーと共にその光らせる仕事を懸命に行っている。

⑦ 共済制度委員会《委員長、井上正》

総務委員会と同時に重要なのが、共済制度委員会の委員長を務めるヒリュー装美株式会社取締役会長井上正の仕事である。主な仕事の内容は、会員の福利厚生を支援する共済制度の普及推進、円滑な運営に関する調査研究ということである。

何だ、どこにでも在る制度ではないかと言われるかも知れない。しかし、これこそ河部が会員一万六千事業所を、福商の会員になって良かったと、実質的に満足させる実利にも繋がる誠に重要なものと考えている。

よって特別奉行の井上正は、共済事業室の充実、退職金共済や生命共済などをはじめ、なるほど福商の共済制度は質が高く信用が在ってユニークだと言われるものを新たに生み出すべく検討中のようである。

⑧ 新空港問題特別委員会《委員長、末吉紀雄》

⑨ 会議所ビル将来構想特別委員会《委員長、土屋直知》

残る特別委員長に、コカ・コーラウエスト株式会社代表取締役会長末吉紀雄が務める新福岡空港問題特別委員会と、株式会社正興電機製作所最高顧問土屋直知が務める会議所ビル将来構想特別委員会とがある。

二人は、いずれも副会頭でもあり、末吉も土屋も改め「第四話」で取り上げる。だが、その抱える二つの課題は、正に福商が一万六千事業所の会員と共有する、最も地域に根差した重要課題であるという点をここでは強調しておく。

（五）十一部会、七委員会、三特別委員会の使い分けと協同化

ここまで説明してきたように、福岡商工会議所の例を取れば、会議所を運用する実務的な制度組織としては、全部で二十に整然と分けられている。よって、商工会議所に関係する者は、殆どどのようなテーマなのか、如何なる問題に関することなのかを考え、どこにどのような手続きをすれば良いかを見通した上で、会議所を活用するということである。

すなわち第一に十一在る「部会」は、恒常的な商工会議所の目的に沿って設けら

れている、いわば「常設の機関」ということになる。したがって、商工会議所の会員に登録されると、福岡商工会議所の場合は先ず十一部会のどれかに会員は任意に所属することになる。したがって、先ほどから奉行と呼ぶ各「部会長」は、何か事件や相談事が或る会員から持ち込まれた場合、遅滞なくその会員の相談事への必要な対応を行う必要が在る。

次いで七つの常設「委員会」は、いずれも長期の課題を背負った「研究調査」を行うことを本分として設けられたものである。よって、原則的には各委員会は、毎年度幾つかの長期の検討調査課題を設けて、会員にその検討結果をサービスするという仕組みによって、活動が行われている。今日のように、情勢の変化が激しい折には、委員会活動が十分機能しているかどうかが、商工会議所という行動機能の優劣を決める結果と成ると筆者は考える。

もう一つの「特別委員会」は、あくまで臨時に設けられたものである。福岡商工会議所においては、現在三つの特別委員会が機能している。言うまでもなく、地域の重要課題が何かが一目で分かるのは、この特別委員会のテーマである。

◎百三十周年記念事業検討特別委員会

◎新福岡空港問題特別委員会
◎商工会議所ビル将来構想特別委員会
　この三つは、河部会頭が誕生した三年前には、正に福岡商工会議所にとって、他の課題や問題から切り離して「特別」に推進すべき課題であった。

　その後時代の変化は、とにかく激しい。わが国の首相が四人も代わり、アメリカにも黒人大統領が誕生し、中国ではオリンピックと万博の二大世界行事がこの短い期間にやってきた。そして最も厳しい変化は、金融問題から発した世界的大不況と地球温暖化の影響拡大と、さらに少子高齢化の本格的進行と隣国北朝鮮からの核の脅威、この四大問題がある。

　よって、多分近々会頭河部浩幸が目指す特別課題にも、変化が在るようにも考えられる。その場合、最も河部が重視するのは、柔軟に常設の部会と委員会と特別委員会の活動を融合して、それぞれがもちろん持ち分を発揮しながら、規律正しく協業・協同作業を行っていくことだというのである。

　忙しいなどと、言っては居られない。河部は、就任以来原則毎月一回は、五人の副会頭すなわち「家老」と専務橋本洸以下の事務局を集めて、八時から朝食会を行う。もちろん、毎月定例の「会頭・副会頭会議」や同じく「部会」や「委員会」を開く。同時に毎月の日本商工会議所の正副会頭会議と、福岡県および九州の商工会議所連合会の会議には、河部の他数人の副会頭も出席し、横と縦の連携と調整を図っている。

会頭河部を中心とした福岡商工会議所の、こうしたすさまじい動きは、多分日本一であろう。

福岡県商工会議所連合会　政党との意見交換会

(六) 平成天皇ご在位二十年祝賀と福商百三十年記念祝典

いよいよ「第四話　行動する福岡の五家老物語」の紹介に移ろうと思ったが、その前に是非読者に提供しておきたい特記事項が在った。それは福岡商工会議所にとり、誠にお目出度いニュースが重なったことだ。そうしたことを、この随筆で書けるのも、素人ながらも作家冥利に尽きるというものだろう。

すなわちすでに昨年のことだが、平成二十一年（二〇〇九）という年は福岡商工会議所会頭の河部浩幸と五人の副会頭、それに全ての同商工会議所の会員や事務局員にとって、多分生涯忘れ得ぬ年になるだろうということである。

何故なら、何と平成天皇ご在位二十年のご祝賀（十月二十五日）と当会議所の百三十周年（十月十三日）が重なったからである。しかも河部は、その双方の行事の全てのトップ責任者として、それぞれ数千人の参加者を集めて立派に式典と催しを挙行したからである。

平成天皇陛下、在位20年記念式典で挨拶する河部会頭

もっとも考えてみると、筆者などに比べると河部は、正に元気溌剌として実に若々しい。と言っても、諺に言う「四十、五十は洟垂れ小僧」という域はとうに過ぎて、「人の盛りは七十、八十」という人生最大の活躍時期に、漸く差し掛かったところだ。九州経済連合会の会長を務める松尾新吾は一つ年上、そしてやや下だが同友会代表幹事の石原進、経営者協会を取り仕切る長尾亜夫など、現在福岡財界現役の重鎮達は、皆元気で聡明で全く飾ら

ず、しかもよそ者を自然体で受け入れ歓迎する体質を備えている。

そういう国際性豊かな歴史を積み重ね、その中から地域を守り育てる熱血漢溢れる人材を創り、独特の九州文化あるいは博多文化を、これまた独創的な九州地方のブランドとして創り上げて行っていると言えよう。

（七）

河部浩幸が行動する三つのポイント

会頭の河部は、上述のように著名な記念行事の式典などで、今年も数多く挨拶してきた。そうした中で、彼が決まって必ず共通して強調していることが、三つほど在る。

第一は、「中小企業の発展なくして地域経済の発展なし」ということだ。先ほどのような記念式典の挨拶で、河部が冒頭にこのことを述べるから印象深い。特に福岡だけでなく九州という地域の特性は、サービス業、運輸事業、観光事業、技術コンサルタントなど非製造業のウエイトが、わが国の中で最も高いという特色を持っている。だから、会頭の河部浩幸が言う中小企業とは、それこそ地場の地域にしっかり根を張ったいわゆる商業的な事業者のことを指している。彼らが元気に活躍する工夫が要る。そのためには、もちろんメーカーをはじめ各種の製造業が発展しなければならない。その上で、地場の非製造事業が新たな道を切り開いていき、むしろ製造事業を刺激するぐらいの活力が要る。

第二に彼が強調するのは、九州の玄関口である福岡の地域特性を生かした、「アジアゲートウェイ」というキャッチフレーズの徹底追求ということだ。何故河部は、そこに拘るのか懇談した時に聞いてみたことがある。

「世の中は、どんどん変わるからですよ。ばってん変わるけれども、私たちのこんな福岡そして九州っちいう位置付けは絶対に変わりようが無かですたい。だから、世の中が激変したときでも、地場の中小企業が困惑せんように、国際的な協力関係を今のうちから固めておく。それが、長期戦略ということですたい」

なるほどと、筆者は納得した。河部浩幸が会頭に就任早々福岡空港の整備が誠に重要と緊急提言や関係各所に陳情をしたり、また外国機関との交流提携や港湾機能の充実など海外ビジネスをしやすい環境創出に努めた。また特に、前にも紹介したが、釜山商工会議所と姉妹提携を結んだりするのは、そうした彼の言う長期戦略の

日韓商工会議所首脳会議

台湾・馬英九総統と懇談

一環なのであろう。
百三十周年記念式典には、釜山商工会議所の中会長が出席し、来賓として心を込めた挨拶をした。河部は、機会が在れば進んで他のアジア諸国の商工会議所とも友好姉妹関係を結ぶことだろう。
第三には、世の中の激変に耐えるため地域に徹底して貢献するということだ。
河部が言うように、世の中ががらっと変わるというが、それは本当なのだ。しかも、昔は二十年以上の周期で変化が現れたが、現在は実に変動が激しくその周期が短く成ったと彼は言うのである。このためには、即断即決の河部のようなトップのリーダーシップが、どうしても必要になってくる。

筆者は最近、或る本を読んでいて驚いた。歴史を辿ると、今から約九十年前の大正十年（一九二一）頃、オスマン帝国ドイツが潰れ、アメリカ、日本が急速に台頭する。この時誰も、その二十年後の昭和十五年（一九四〇）ヒットラーが突然現れドイツが再び世界戦争を始めるとは誰も思わなかった。

そのヒットラーと同盟した日本とイタリアが数年後（一九四五）、アメリカ、ソ連、中国など連合軍に敗れ去り、戦争は終わったと思った。誰もが、それからちょうど二十年後の昭和三十五年（一九六〇）、ベルリンの壁が造られ東西冷戦が本格化するなどとは全く考えなかった。その二十年後の昭和五十五年（一九八〇）にベトナム戦争が起こりアメリカが敗退する。これも二十年前には想像も出来ない事件であった。さらに二十年後の平成十二年（二〇〇〇）の前年、ベルリンの壁が破られソ連が解体するなど想像も付かなかった。

これまでは、世の中が概ね二十年置きに一変した。そういう世界の流れが常識だった（ジョージ・フリードマン著『一〇〇年予測』より）。

（八）十年以内に断絶する世界を見据える河部浩幸

ところが、その十年後に同時多発テロが起き世の中が一変する。短期間の間に、非常識なことが突然予告なしにやってきて世の中の断絶が起きた。そして、今度は八年後の二〇〇八年に、世界的な金融恐慌が発生したのだ。二十年周期の世界異変が、十年さらにはそれ以下に縮まりつつある。

ふくおか経済人余技・文化展

河部は、一万六千の会員との対話を充実させ、会員が持つ悩みや相談を率直によく聞くことがある。そうしたことが、極めて重要だと常に強調している。そうした努力が、世の中の激変の時に役に立つのだ。資力に悩みのある零細な事業主への対応は、特に商工会議所の役割として重要なことである。

そこに初めて、信頼の輪が生まれると河部浩幸は言い切る。

地域に愛され信頼される商工会議所を目指して、百三十周年のこの年に「博多どんたく」「ふくおか経済人余技・文化展」「チャリティー歌舞伎」「記念講演会」「ウォーキング大会」「親子スポーツ教室」「博多うまかもん市」「福岡アジアコレクション」等々に、何と百四十余万人の都市に、全国から数百万人がやってきて最大の祭典の年を祝ってくれた。

会頭の河部浩幸は、それで満足しているわけではない。むしろ、中小企業が厳しさを増すのはこれからだと、覚悟を決めている。そのためにと、彼が何時も考え行動していることがある。それは、何も用事が無い時でも、しっかり声を掛け合い仲間と過ごす時間を持とうということである。これは、言うは易しく実行するのはなかなか難しい。今の時代、お互いにみんなそれほど暇ではないからだ。決して暇ではないが、暇を作る努力が要る。そうして、その漸く創った暇の時間を、何食わぬ振りで趣味の時間に充てる。趣味の友達は、商売とは関係が無いだろう。だから、真の人間的な付き合いが出来ると筆者は考えて居る。

しかし、そうしたことが自然体で行える人こそ、本当の人格者ということでは無かろうか。河部浩幸は、正にそれが出来る数少ない人物の一人と見た。

第四話

行動する福岡の五家老物語

この第四話では、会頭河部浩幸をしっかりと支えている副会頭すなわち「五家老」に登場して貰う。

誰から始めたらよいか、いろいろ事務局にも相談してみた。最初は皆さん大変にお忙しい人たちだから、アポイントが取れてじっくり面談出来た人から、順次気楽に紹介しようと思った。しかし、本に書くというのは間違い無く半永久的にそのことが、事実として残るということでもある。すると、何かのルールに則ってやっておかないと、誤解を招きかねない。事務局の増田徹也にそう言われて、無難な手法を取ることにした。

要するに、商工会議所が当局に届け出た名簿順に従うことにしたのである。よって、早々にご面談をして頂いた方が後の方に登場する結果になった。その点を一応お断りしておく次第である。

（家老その一）副会頭「野田武太郎」
ファビルスの会長、野田武太郎

最初に面談の機会を得たのは、筆頭副会頭で現在株式会社ファビルスの代表取締役会長を務める野田武太郎だ。人なつっこいフェイスのこの人に会った時、先ず質問したのが「ファビルスは、どういう事業をおこなっている会社ですか」ということだった。

野田武太郎・ファビルス会長

「私どもの仕事は、一般的にはビル・建物の清掃事業ということです」

野田武太郎が、そう述べた後直ぐに次のように説明してくれた。

「しかし、今日のファビルスの役目はそれを超えて、ビル・建物の安全且つ効率的有効利用という総合的な仕事をしていますので、今や国民の住環境の安定安全にとって、私共の事業は重大な責任と役割を背負っていると考えています」

登録された営業項目には、建物の環境衛生・管理、建物設備の保安警備・保全・管理とサービス、設計施工、システム管理、ビルのマネジメント業務、宅地建物取引、そして関連事業を中心とした人材派遣というように、ビルや建物が綺麗にかつ安全であるための、総合的な事業活動を展開している、いわゆるビル建物の総合マネジメント業を営むものと言えよう。中小企業として年商は全国でもトップクラスの100億円。従業員三千名、もちろん超優良企業である。

昨年（二〇〇九）三月、長男の野田太に社長を譲り会長になった七十一歳の武太郎は、最近まで福岡商工会議所の情報・文化・サービス部会長として、博多どんたくの実行委員長など要職を務め、その奉仕活動を通じて、素晴らしい実績を重ねる一方、会頭河部の意を受けて、会員獲得にも精力的に奔走し着実な成果を上げている。

王監督（当時）へ、どんたくを祝う巨大シャモジを贈呈（野田副会頭）

松尾末彦という男との出会い

人生は出会いからと言うが、博多駅前に在る博多新三井ビルの本社で、長時間懇談している間に、野田武太郎という人もまた、松尾末彦という一人の男との邂逅が全てだったことを知る。

松尾は、北九州出身。第一次世界大戦に日本が参戦する前年の大正二年（一九一三）の生まれ。当時の青年達の共通した夢は、海外、特に中国（満州）に雄飛し一角の事業を成功させて、郷里に錦を飾るということであった。小倉商業学校を優秀な成績で卒業すると、住友銀行に就職し福岡支店に勤務した。だが銀行員として精勤する松尾も、多感な性格の持ち主故に、そうした志を強く共有していたこともあって、七年後には遂に、親兄弟の反対を押し切って、宣撫官として大陸に渡る。二十四歳の時だった。

しかし、折角彼がこれからという時、第二次大戦の敗戦を迎えた。全てを失い、松尾は昭和二十一年（一九四六）八月に、引き揚げ船で山口県仙崎港に上陸し、母や兄が住む懐かしい郷里の福岡市に帰ってきた。この時松尾は、三十五歳になっていた。

松尾末彦・ファビルス創業者

敗戦で焼け野原になっていた福岡で、病院を営む兄の安河内五郎は、かつて弟末彦の大陸行きに猛反対したが、憔悴して戻ってきた弟夫婦を「生きて帰ってよかった」と温かく迎える。帰国して十年間、何とか兄や親戚に迷惑を掛けないようにと、松尾末彦はいろいろな商売に手を染めた。

ビル清掃業創業のきっかけは五十三年前

松尾末彦が、ビルの清掃事業を福岡で手掛けようとしたきっかけも、ある人との出会いからだった。末彦は引き上げてきて以来、長兄達にお世話に成りっ放しでは面目ないと、色々なことに手を出し何とか成功の道を探る中、数々の苦い体験も味わった。

こうしたことがきっかけで、彼は世の中に恥じない正業を見付けたいと、あらゆる情報の入手に務めるようになった。今から五十年以上前のことだが、昭和三十一年（一九五六）頃福岡市中央区春吉に、割烹「南龍」という料亭があった。

その常連に、広告会社の社長で横山毅という人がいた。松尾末彦は、時々顔を合わせるうちに親しくなり声を掛け合う仲になる。その年昭和三十一年（一九五六）の暮れ、東京から出張で戻った横山と夕食を共にしていた時、横山が「東京では最近、ビルがどんどん出来て、その清掃とか管理を専門にする商売が流行だしたようだよ」と言ったという。

創業者松尾末彦の第一号スタッフ野田武太郎

他人が遣っていない商売はないか、という夢を描いていた松尾だったが、最初その話を聞いた時、そんな事業が成り立つのかなとも思った。だが、横山らは「福岡では、そげな商売は未だ聞いたことは無か」と言う。これが正にきっかけだった。

翌日早速末彦が、情報を集めて見たところ、福岡ではビルの清掃は二、三のモップ業者と呼ばれる零細業者が居るだけだということが判った。東京と同じように地方都市も、近い将来ビルが建ってくることは間違いないと彼は考えた。

「これだ、この事業に賭けてみよう」と、末彦は覚悟を決める。そう思って、次の夕方また割烹南龍に寄った時、女将野田トミ子の長男野田武太郎を見かけた。

武太郎は、当時十八歳。元気溌剌で礼儀正しく、素直でガッツがある青年に好印象を抱いていた松尾末彦は、彼を手伝わせて事業計画を着実に固めようと考え、親の了解を取った。

武太郎は、西南学院の野球部で四番バッター、キャプテン。当然プロを目指していたが、母親は、家業の跡継ぎにと思って、卒業の後は、商売を学ばせようとしたが、本人はあまり気が乗らない。逆に親元を離れ、海外に雄飛したいなどと言い出す始末。ちょうどその頃、松尾から声が掛かった。

松尾は二十近くも年齢の違う武太郎に、手伝えとは言わず「一緒に、この事業を開拓しようではないか」と誘ったという。武太郎は、松尾末彦の真摯な呼びかけに感激し、弟子入りを約束した。やがて、二人の努力が実って創業にこぎ着けた。その背後には、常に陰になり日向になって、物心両面で支えてくれた母トミ子の篤い恩恵が在った。

「今も感謝を忘れない」と武太郎は、平成十七年（二〇〇五）に他界した亡母を偲ぶ。

こうして行く末に不安を抱きつつも、二人の胸は期待にふくらみ目は希望に輝いていた。

経営管理の基礎を担うビルサービス事業を興そう

福岡商工会議所副会頭であり株式会社ファビルス会長の野田武太郎は「創業者の松尾さんは実に素晴らしい人格者で、かつ今流行の近代経営理論を実に良く勉強された方でした」と、語ってくれた。

ビルサービス事業を野田武太郎と一緒に始めるに当たって、末彦は武太郎にこの事業の重要性を次のように説いたという。

「国土の狭い日本では、今後高層ビルがどんどん建てられるだろう。このビルという閉鎖された人工環境下での人間の健康と能率は問題だし、ビル自体の保全も重要である。だから、そこで働く人々の生活環境をきちんと守り、かつ経営の合理化のために、清掃・機械設備の管理・サービス業が必須になる」

話す末彦も、それを聞く武太郎も真剣そのもの。そし

創業間もない頃のファビルス社屋前で（右が野田武太郎氏）

て、最後に末彦がやや笑みを浮かべて述べた。

「武太郎君、福岡にはそんな会社は無い。だから、一刻も早くそういう会社を創って、この事業のトップになろうと思う。どうだろうか、一緒に遣って苦労してみないか」

いつしか末彦の人柄に惚れ込んでいた武太郎は、この人とならと遣れると確信し、即座に「使ってください」と返事をした。母親も当然賛成した。

福岡ビルサービス事業を創業、九州朝日放送が受注第一号

こうして二人三脚の厳しい仕事が始まった。作戦と戦略を練るのは末彦、現場の情報収集は武太郎である。末彦は、ビル清掃や管理の現場では何が必要か、そのポイントを押さえることが最も重要と考える。

よって、武太郎に命じて彼に作業員になって貰い、実際に清掃業務を行わせた。武太郎は毎朝四時に起きて作業員になり、あらゆる現場の苦労をする。その苦労を日誌に書かせて毎日必ず報告させる。こうして次第に仕事のノウハウを蓄え、固めていった。

ようやく福岡市長浜（現舞鶴一丁目）に、木造二階の小部屋を借りて、昭和三十三年（一九五八）十月二十二日、松尾は資本金50万円で福岡ビルサービス株式会社を設立した。当時の名簿を見ると、松尾に最初清掃事業の情報を提供した横山毅が取締役、武太郎の母親、野田トミ子が監査役になっている。但し創業当時の従業員は、松尾と野田、それに事務員と清掃作業員の女性二人の僅かに四人だった。

松尾の真摯な営業活動で、翌年の昭和三十四年（一九五九）二月に新築落成した九州朝日放送（ＫＢＣ）のビル清掃と管理事業を落札。順調なスタートを切った。それは、前途に初めて灯った確かな一筋の光明だった。

誠実・清潔・正確の完全主義が社訓

松尾と野田の頑張りは、三つの言葉「誠実・清潔・正確」という会社の信頼に繋がっていき、それを社訓に一気に成長していく。受注も数年を経ず十棟以上に増え、従業員は早くも百名を超えた。武太郎の弟、武次郎（現北九州ふよう株式会社社長）も勤めていた会社を辞めて参画し、協力していくことになる。

こうして社長の松尾末彦は、僅か六年後の昭和三十九年（一九六四）二月には、西日本ビルメンテナンス協会会長に就任する。この年、東京オリンピックが開催され、博多まで新幹線が開通。わが国が高度成長の波に乗って、都市高層ビル時代に突入する時期であった。松尾と武田が手掛けた事業の公益性が一層重要且つ必要なものとなっていく。

総合ビル、住宅管理運営事業会社へ発展

松尾と野田は、昭和三十七年（一九六二）に「保安警備業務」、昭和三十八年（一九六三）「設備管理・受付・案内・電話交換業務」を開始していたが、昭和四十年（一九六五）には、「害虫鼠族防除・絨毯クリーニング業務」を行うようになり、ビルメンテナンスの総合管理事業化に一歩前進している。

その後さらに、昭和四十六年（一九七一）には「建物環境測定業務」、昭和四十七年（一九七二）に「貯水槽清掃業務」、昭和四十八年（一九七三）「マンション管理業務」、昭和五十一年（一九七六）「ビル群集中管理システム」、昭和五十二年（一九七七）「建設業・消防施設工事業務」、昭和六十年（一九八五）「宅地建物取引業務」、昭和六十一年（一九八六）「建設業・管工事業務」、平成二年（一九九〇）

「住宅集中管理システム」、平成十二年（二〇〇〇）「ホームセキュリティシステム」、平成十六年（二〇〇四）「福岡ドーム特警業務」というように、同社の事業は、あらゆる都市建物の総合運営管理という公共サービスを、益々要請されていくことになる。

「ビルや住宅の総合デパートですよ。お客様に良い仕事、信頼されるサービスを、創業の精神を忘れることなく実行するだけです」と、武太郎が述べたが、正にその言葉通りだろう。

ファビルスは、街づくりへの貢献が事業の使命

創業者の松尾末彦は、数々の事業の基礎を野田武太郎という格好の共同協力者を得て固め推進し、昭和六十三年（一九八八）七十九歳で会長になり、社長業を五十一歳の武太郎にバトンタッチした。新社長の武太郎は、平成九年（一九九七）に社名を株式会社ファビルスと改め、本社を博多駅前のはかた近代ビルから、現在の博多新三井ビルに移した。松尾末彦は、平成十年（一九九八）の創業四十周年を見届けた翌平成十一年（一九九九）四月十八日、八十九歳で波瀾万丈の生涯を全う

した。

同社は現在すでに、六社のグループ会社を擁し、合計四百以上の公共施設・民間ビル・マンション・商業施設の総合的な清掃、管理運用、警備保障などを信頼信用の上に委託され、公共の安全推進の一翼を一層強く担っている。

二代目社長の野田武太郎は、「人こそ会社にとって無形の財産である」という松尾末彦の創業精神を引き継ぐと共に、新たに自らの信念を事業に活かし始めた。それは、単なるビル住宅等の総合運営管理事業という枠から一歩飛び出して、街づくりそのものへの貢献ということである。

「街が輝き美しく繁栄しなければ、私たちの事業の発展もありません」と言うのである。

同社はすでに、十四期連続して福岡商工会議所の議員となり、平成十八年（二〇〇六）に副会頭になった野田が河部会頭を支える役割は、益々重要である。

謡曲は野田武太郎氏（右）の幅広い趣味の一つ（昭和51年当時）

また平成十五年（二〇〇三）四月、地元財団から「経営者賞」を贈られた。このことは、優れた行動力とバイタリティーにより実績を伸ばしていった、彼の卓越した経営手腕を何よりも如実に物語っている。

ファビルスは、平成十九年（二〇〇七）創業五十周年の大きな節目を無事にクリアし、盛大に祝った。その翌二十年（二〇〇八）三月、社長の座を長男の野田太に譲り、会長になった武太郎に心境を聞いてみた。

「東京にも事務所を置いていますが本拠は九州であり、特に故郷福岡の美しい文化を基に、綺麗な街づくりのため精一杯努力し、一層発展させていきたい」と述べ、同時に「生涯の信条は報恩であり、社会貢献です」と語ってくれた。

そこにこの事業を手掛け、そして商工会議所の筆頭家老を自認する、野田武太郎の真骨頂があるのだろうと筆者は考えた。

（家老その2）副会頭「本田正寛」
故郷は福岡と自称するジェントルマン

次いで、二人目の家老として「故郷は福岡」と自称する慶應ボーイで、希に見る素晴らしいジェントルマンを紹介する。それは、現在、西日本シティ銀行の代表取締役会長を務める本田正寛である。

本田正寛・西日本シティ銀行会長

先ず挙げたいのは、この人と話していると正に典型的な慶應ボーイという匂いがしてくることだ。もっとも、高校までは慶應とは関係ないのだが、彼の気性が元々そうなのか、あるいは現在本田が会長職の西日本シティ銀行の前身、福岡相互銀行のオーナーだった四島司から、徹底的に薫陶を受けてそうなったのか。筆者の勘では、その双方だろうと思う。

それに、「故郷はどこかと聞かれると、多少複雑ですが、『迷わず福岡出身』と答えています」と言うのである。その理由を、少なくとも五十年間福岡にお世話になってきたからだと彼は素直に説明してくれた。

一昨年（二〇〇八）十一月、福岡商工会議所の副会頭に就任、同時に博多伝統芸能振興会副会長となり、会頭の河部から「博多をどり」の運営委員長を命じられた。よって本田は、新たに採用した新人の芸妓に熱心に踊りの修業をさせ、十二月の博多座での彼女たちのお披露目に自信を持って備えたという。

「こうしたことで少しでも、郷里の芸能文化が栄えることに繋がれば、それが地元経済を発展させる糸口になるのではないでしょうか」

本田は、そう確信しているようだ。

また依然景気が低迷する中、中小企業再生支援協議会の筆頭責任者として、これまた会頭の河部と共に熱心に、殆ど毎日地場零細企業の事業再生の相談事に預かる日々が続いている。さらに、お互い困っている時には、助け合うべしという考えで、福岡と北九州の両商工会議所が連携を密にして、地域発展のために相乗効果を発揮させようという試み、いわゆる「福北連携」をスタートさせることも、実現することとなっ

博多伝統芸能振興会　新人芸妓を育成

新人芸妓も技芸を披露した「博多をどり」

た。

もちろん行政レベルなどでは、今までも行われてきたことだが、はじめて民間の商工会議所レベルで、雇用や失業対策あるいは地球環境問題や少子高齢化の課題、さらには空港の利用率アップの課題など、共通の問題を中心に考えていこうということになった。これも、会頭の河部浩幸を補佐する家老、すなわち副会頭本田正寛のリーダーシップがあってのことであろう。

神奈川、群馬、神戸、福岡と小中高四回転校した本田のプロフィール

本田正寛のプロフィールを紹介しよう。

彼は、昭和十八年（一九四三）九月、現在の中国吉林省長春市（旧満州）で生まれている。両親の郷里は新潟。しかし、中国で生まれたのは、父親が日清製粉のグループ会社の現地法人に結婚後転勤していたからである。二年後、敗戦でソ連軍が侵攻。一家は裸一貫同様になり苦心惨憺して、故郷の新潟に引き上げたという。彼は二歳になったばかりで、何も覚えていないと言うが、運が悪ければ残留孤児になってもおかしくなかったと、当時の模様を聞かされていた。

すでに戦後六十年以上が経ち、海外で終戦を迎えた人たちの苦労を知る世代も段々少なくなってきたが、これだけは経験した者でないと分からない。筆者にはその経験はないが、いろいろな方から聞くたびに、そうした話は日本人の貴重な歴史的経験であり、語り継ぐべき歴史の一つだと思うのである。それを、戦争を知らない世代にもっと知って貰うことが、民族のこれからの発展のために重要なことだと強く思っている一人だ。本田も、両親が大変な苦労をしてきたことを語ってくれた。また何かの機会に紹介したいと思っている。

父親は、終戦後に復帰した元の会社で、あの衣食住が欠乏する状況下、今度は日本中を駆け巡る転勤族となった。先ず郷里の新潟を離れ、東京に転勤となる。そして、都心からはかなり離れた神奈川県大磯の借家に転居した。したがって、本田は初めに大磯小学校に入学している。

ところが、父親の転勤が続く。今度は、関東平野の中心部に異動となり小学四年生の時には群馬県館林の小学校に転校する。そこは僅か一年間で、次は関西に移った。すなわち小学五年生から丸五年間、高校一年まで神戸市の学校に通ったのだ。神戸は少し長かったので、友達も大勢出来た。漸く父親も落ち着いたかなと思ったところ、意外にももっと南に行くことになった。九州の福岡である。

たどり着いた本田家の第二の故郷は福岡

昭和三十五年（一九六〇）、厳父が福岡へ転勤となり、高校二年の時、県立福岡中央高校に転校した。四回目の転校である。本田正寛は、子供ながら本能的に漸く父親の転勤も終わったなと感じたという。

ほうぼう転勤して来た両親は、福岡に来て一番住み良い街は「ここだ」と確信した。親孝行の本田が、喜んだのは言うまでもない。よって大学は慶應義塾の経済学部へ入学するが、卒業後は福岡に就職することを志すようになっていた。夏休み、学年末そして正月には必ず福岡に帰って来た。

余談だが、筆者がかつて東京にいた頃から、日本中で一番住みやすいのは福岡か札幌だということは、転勤族の話題の一つとしてよく聞く話だった。その傾向は、概ね最近も変わっていないようだ。食べ物が安くて美味しい。特に海産物は新鮮だ。おもてなしの心が篤い。他人を受け入れてくれる。観光する場所も温泉もある。というような、要するに一言でいえば「堅苦しさが無い明るいところ」ということだろうか。

筆者と同じマンションに住む九十歳近い実業家と雑談していて、なるほどと思ったことが在った。この人は、人生の大半を日本だけでなくあらゆる場所で過ごしてきたようだ。もちろん東京にも住んだことがある。そうして、もう二度と東京には住みたくないという。

筆者の連れ合いは純粋の水戸っ子、七年前福岡に移住した時、外国に行くような気がしたそうだが、今では相当満足している様子だ。それでも時々は、東京そして生まれ故郷の関東が懐かしいらしく、年に何回かは友達に会いに行くのである。そして、ひょいと東京に一カ月ぐらい帰ってみたいなどと言う。その話を、先ほどの老人にしてみたところ、何と言ったか。老人曰く、「東京のどこが良かとですか。あなたの奥さんは、まだ福岡の良さが分かっていないんです。こんな良かとこは無いとですよ」

オーナー家四島司の面識を得、福岡相互銀行に入行

さて本論に戻るが、本田正寛は両親同様に真に福岡が気に入った。その理由の一

つに、彼が神戸から福岡に転校した時のことがある。昭和三十年代の半ば当時は、高校生が急増してどこも名門高校は転校を認めてくれなかった。苦労したが、やっと受け入れてくれたのが母校となる福岡中央高校だった。そして、第二の理由が、慶應ゼミの島崎教授である。福岡相互銀行の当時常務だった、同じく慶應出身の四島司と親交があり、是非、四島さんの銀行へ就職しないかと誘ってくれたことだった。本田は、四島に会いに行った。懐の深い安心感を与える人だと思ったという。

一方、四島の方も、この青年はきっと役に立つと本能的に感じるものがあったのではないか。人生の出会いとは、不思議なものである。

こうして昭和四十一年（一九六六）、卒業と同時に、本田正寛は数十人の新入社員の一人としてこの銀行に入行した。すでに現在6兆円以上の預金残高と、海外を含め二百カ店以上の店舗を持つ銀行も、当時預金高1000億円にも満たない、それこそ中小企業相手の地場の金融機関に過ぎなかったが、本田は「よし、この銀行で良心に恥じない立派なビジネスマンになるぞ」と真剣に考えた。

本当の苦労は取締役から

本田正寛は、昭和四十一年（一九六六）福岡相互銀行に入行すると、先ず半年間の新入社員総合研修を受けた後、北九州市の黒崎支店に配属になった。預金、貸出、営業の定番業務を熱心にこなしていた。そして、二十七歳の時に上司の薦めで見合いをした。それが、何とも才媛の相手だったので断る理由はなく、すんなり結婚することになる。

彼はその後、昭和五十三年（一九七八）に弱冠三十四歳で福岡県の春日南支店長に抜擢されたのをきっかけに、同五十五年（一九八〇）東京事務所長、同六十二年（一九八七）業務統括部長、同六十三年（一九八八）大分支店長、平成元年（一九八九）国際部長と重要ポストを務め、翌年の平成二年（一九九〇）、四十七歳で取締役に昇進した。

本田正寛との懇談中に、筆者が「あなたの今までの人生で、一番苦労されたのは何でしょうか」と聞いた時、一瞬彼の顔が紅潮したように思われた。ややあって、本田の口が開いた。

「苦労というよりも、ただのサラリーマンとして、与えられた仕事をいかに自分として取り組み、解決していけば銀行のためになるか。それを常に追求して来ただけです」

　こう淡々と述べたが、さらに次のように補足してくれた。

「ところが、ちょうど二十年ぐらい前に取締役になりましたが、その頃から一介のサラリーマンではいられなくなったんです。だから、あなたの言われる苦労したということを、一企業の経営者の観点から考えるとすれば、この時からがそうだったかなと思いますね」

　一言で言えば、この頃どこの銀行も同じだったと考えればそれまでだが、本田はいわゆるバブル崩壊後の後始末に振り回されるのだ。当時すでに福岡シティ銀行と名前を変えていたが、入社以来薫陶を受けてきたオーナー四島司頭取の下、本田は奇しくも企画担当の役員であった。それを、少し具体的に述べてみよう。

金融システム信用回復の手段は何か

　地域に尽くす、お客さまの一番近いところに在る銀行というモットーを進め、守るにはどうすれば良いかを、本田は日夜考え実践する激務が続いていた。そんな中、不動産、流通、サービス業などの大口倒産が多発、自己資本を大きく毀損する結果と成ったため、経営の早急な合理化と経営方針の立て直しが急務となった。もちろん、トップの四島のところには、もっと大きな銀行界再編の話が既に持ち込まれていたと思うが、経営企画担当役員の本田は、従来からの取引先の大口化と業種の偏重が響いていることも踏まえ、この難局をどう乗り切るかに日夜頭を痛めていた。首脳陣による連日の検討が続く。情報収集のため、あちこちを飛び回る日が続いた。すでに、暢気なサラリーマン人生など吹っ飛んでいた。結論は、出来るだけ早めに競合する他行との合併と、公的資金の投入止むなしということになる。

まず平成十二年（二〇〇〇）末に、九州・長崎両銀行との経営統合の話が持ち上がる。九州では、この年のトップニュースにも挙がったが、結局この話は翌年になって暗礁に乗り上げ、陽の目を見ることはなかった。だが、この話の延長戦上で長崎銀行との間で、子会社方式による経営統合が実現した。そして、経営力強化のため、公的資金の申請に踏み切ることとなった。

公的資金投入と福岡シティ、西日本の本格合併へ

公的資金投入に関して、終盤は毎週のように金融当局との長期のミーティングと折衝が続く。もっと選択と集中をすべしという金融当局の厳しい指摘。しかし地域の老舗金融機関としての使命を果たそうとする熱意は認めて貰う必要がある。そのため、スタッフには数多くの資料作成を依頼した。正直、肉体的にも精神的にも疲労困憊したが、幸い当局には銀行の立場をよく理解してもらい、公的資金の注入が認められることとなった。しかし、結果的にやむを得なかったとはいえ、従業員の給与、賞与の減額に踏み切らざるを得なかったことは残念であった。

続いて平成十四年（二〇〇二）春、西日本銀行との統合の話が起こる。二年間の協議を経て、両行は平成十六年（二〇〇四）十月正式に合併した。当時の新聞を見ると、連日各紙にトップニュースとして飛び交っていた。「時代の流れ、寝耳に水」「地銀強化を財界歓迎」「総資産で福銀越えトップへ」「水No．1をの道険し」「独自性保ちコスト減」などとある。シティの四島司と西日本の新藤恒男両頭取の笑顔で握手する姿と共に、四島の「対等合併という点を何より評価した」というコメントが印象深い。両首脳は、市民と従業員の信頼を最も重視した。本田も「あの時、

市民からも歓迎された記憶しかない」と述べている。

合併話の最中頭取に、合併後会長へ

しかし、いざ合併を進める段になると、両行共に組織のしがらみと経営方針の歴史的違いがあり、様々な問題を解決しなければ成らなかった。先ずコンピューターシステムから人事制度まで全て異なるのを、統一しなくてはならない。統合戦略委

博多どんたくでの本田会長（中央）

福岡市社会福祉協議会会長として百歳の高齢者を訪問
（前列右端が本田氏）

趣味の小唄会の様子（左が本田氏）

員会、システム統合委員会が設けられ、二年間で合併にこぎ着ける工程表が決まった。一年足らずで事務統合実行計画を策定。それからが大変で、経営理念から組織規定まで、何十項目という規程を作る。従業員の研修、お客様への説明、そして本番開始のリハーサルまでの残り一年があっという間に過ぎた。

その途中、景気悪化の影響を受け、平成十五年（二〇〇三）三月期決算が赤字となり公的資金への配当が不可能となる。責任を取って四島頭取以下が退任。突然に、本田が頭取になった。サラリーマンとして人生を終えるものと思っていただけに、正に青天の霹靂の出来事であった。僅か一年三カ月だったが、トップとして十年間ぐらい働いたような気がするという。平成十六年（二〇〇四）十月の合併が正式に終了すると、新藤頭取の下で会長を務めることとなった。

久保田頭取誕生、本田は財界活動中心に

平成十八年（二〇〇六）六月、新藤頭取が退任し、後任として久保田頭取が就任した。久保田は、地元出身で大蔵省出身の俊英であり、国土交通省事務次官まで務めたトップリーダーの一人だが、新藤や本田に請われ敢えて福岡にやってきた人

物。この人のレクチャーを何度か筆者も聞いたことがあるが、歯切れが良くかつバイリンガル、ウイットもあり、貴重な名言を必ず述べることの出来る男だ。しかも地元の為になることを常に心掛けているようだ。

こういう人物を得て、今後は思う存分に財界活動に専心出来ると思ったという。その気持ちは、全く今も変わらない。「銀行の頭取は激務で、且つ環境は益々厳しい。久保田頭取には、安心して本来業務に専心して貰う必要があります。会長の私は、頭取の負担を少しでも軽くするため、お客様を含めた外部の仕事を他の役員と手分けしてすることにしています」

続けて「元々当行は地域社会に貢献するという経営理念を掲げて、歴代トップが情熱を傾けて来ました。そうした様々の要職を引き継いでおり、新たな役割も頂くようになりました。その最も重要な役職が、河部会頭の下での商工会議所での仕事です」

そう述べて、本田正寛は何の淀みもなくにっこりと笑った。

（家老その3）副会頭「末吉紀雄」

副会頭を久保長から末吉にバトンタッチ

この随筆を始めた頃、コカ・コーラウエストジャパン（当時）の会長だった久保長を取り上げたことがある。その頃すでに久保に会うと、「僕もそろそろ引退の時期に来ているが、社長の末吉君は当分長くやって貰うことになるので、あなたに紹介するよ」と述べていたのを思い出す。

だが、その後も何回か東区の本社に久保を訪ねた折に、紹介して貰う積もりだったが、すれ違いが重なり残念ながらそのままになっていた。ところが、今回会頭の河部浩幸との約束で福岡商工会議所をシリーズで取り上げることになり、漸く副会頭の一人末吉紀雄との面談が実現したという次第だ。末吉は、昨年久保が副会頭を退き、正に元気溌剌の後任の副会頭として河部会頭の片腕を果たすことになった次第だ。

こうして、昨年末久方振りに本社を訪れた。

「久保さんは、最初はリコーに入られて、それからこの会社に移られたと聞きましたが、末吉さんは？」

「私は、最初からこの会社ですよ。昭和四十二年（一九六七）に入社しましたから」

因みに、アメリカ産のコカ・コーラが日本での販売を部分的に始めたのが、昭和三十二年（一九五七）。そして、現在の会社の前身日米飲料株式会社は、昭和三十五年（一九六〇）に設立されている。

創立五十年目の節目の年に、意欲を燃やす末吉紀雄

福岡商工会議所は、百三十年を過ぎたが、コカ・コーラウエストはちょうど五十年目である。そして、入社四十三年になる末吉が現在、従業員一万人のこの会社の全軍を引っ張るトップである。

「すると、福岡の出身ですか」

末吉紀雄・コカ・コーラウエスト会長

「そうです。根っからの九州博多です。あなたは？」
「私も福岡の久留米ですよ」
こんな具合で話が弾み、あっという間に一時間余りの予定の時間が過ぎてしまったが、帰りがけに末吉は是非見せたいものが在ると言って、筆者を本社ビルの

コカ・コーラウエスト本社

四階フロアーに案内してくれた。

そこから、広々とした空間の本社前庭が見渡せる。綺麗な庭園が、今造成の最中だった。そう言えば訪問したとき、このビルは遂六カ月前に完成したばかりだったようだ。

「どうですか、良いでしょう」

見ると、このコカ・コーラウエストの本社の庭と道路を挟んだ向こう側の緑の公園とが、素晴らしい広大な自然の美しさを醸し出していた。環境問題を先取りし、ますます人間に必要になってきた、清涼飲料水の生産販売事業のトップである末吉の思いが、わざわざ見せたいという気持ちに現れているなと感じた。確か昨年の始めに来た時は、直ぐ道路側に二階建てのビルが在った。そこをすっかり取り払って、後ろの部分に現在の社屋が出来上がっていた。

清涼飲料水No.1を目指す末吉紀雄

この会社を訪問し面談すると、昔からそうだが自分の会社の色とりどりの製品十数個がドカッと出てくる。「どうぞ、どれか一つお取り下さい」と言うのである。実に効果的なサービスである。

今でも覚えているが、以前久保長と面談すると、お客に選ばせた後、自分は必ずブラックの缶コーヒーを取り上げて、「この缶コーヒーは、佐賀の工場でしか作れない特製品です」と言って美味しそうに飲んでいた。

ところが末吉紀雄は、「爽健美茶」のボトルを取り上げた。そして「このペットボトルは、わが社のノウハウです。容器の開発が売り上げを伸ばしたんですよ」と述べた。二人とも、会社のトップとして、実によく自社の独創性を強調していると感心させられる。

コカ・コーラウエスト株式会社の代表取締役会長末吉紀雄の目指すところは、多分日本一の清涼飲料水の生産

コカ・コーラウエストのボトリング製品製造工場

販売会社ということだろう。現在国内を地域分割して十二のコカ・コーラボトラー会社があるが、末吉のコカ・コーラウエストグループは、すでにシェアは三三％以上、売上高年間４０００億円弱で、トップのサントリーの５６００億円に迫る勢いだからだ。

概ねご存知の方も多いと思うが、参考までに一体コカ・コーラウエストとは、どんな会社なのか。会長末吉の秘書内田雄一郎が送ってくれた、同社の最新の資料と末吉の『飲料事業の歴史と当社の経営戦略』という著述を基に、簡単に紹介してみよう。

アメリカ生まれ、コカ・コーラとＩＢＭの違い

椎名武雄が日本に持ち込んだ、コンピューターのＩＢＭの話。「バカモン、この会社は一〇〇％アメリカの会社だぞ」と言って怒鳴られたという、彼の片腕元副社長の竹中誉夫妻とは、今でも時々会食を欠かさない。彼が豊富な情報通だから、実に有意義なのだ。もう一人いる、日立の番頭熊谷一雄。この二人合わせてそのうち一度書いてみたい。

ＩＢＭは椎名が言うとおりだが、コカ・コーラはどうかと言えば、かなり異なる。コカ・コーラは、アメリカの南部ジョージア州アトランタ市に住んでいた薬剤師のジョン・ペンバートン博士が、百二十四年前（一八八六）に発明したもので、コカ・コーラの液体原料は、全てアトランタにあるザ コカ・コーラ カンパニーが生産したものを、日本の子会社日本コカ・コーラ株式会社を通じて供給される。ところが、日本国内での販売会社、すなわち十二社のボトラーはそれぞれに、上記の生産会社のザ コカ・コーラ カンパニーから、その商標を独占的に一定の地域に限定して使うという権利を取得して、生産販売をすることが出来る、いわば地域限定のフランチャイズシステムということになっている。だから、コカ・コーラウエストの製品は、同社のフランチャイズ地域以外では販売出来ないわけである。

一方ＩＢＭは、日本法人の日本ＩＢＭも、また世界中の他の地域の会社も、全てＩＢＭのいわば子会社であって、フランチャイズという概念は全くない。

もう少し具体的に述べると、コカ・コーラの販売すなわちマーケティングの基本は、三代目のザ コカ・コーラ カンパニーの社長だったロバート・ウッドラフの在任中（一九二三〜五四）に次の三点を基本に確定したという。

第一に品質管理の徹底、第二に消費者にいつでも、どこでも、だれにでも購買機会を提供、第三にフランチャイズシステムを完成するため、各国のボトラーを現地法人化し現地主義を徹底すること。

こうして、わが国では北は北海道から南は沖縄まで、十二のボトラー会社が、地域を独占して、それぞれ生産販売を行っているので、一見極めて安泰に見えるが、会長の末吉紀雄によると「決して安泰ではない」、むしろ「われわれは、極めて激しい競争に直面している」と言うのである。

それには、消費嗜好の変化と販売製品の変動、少子化と地域限定販売というネック、高齢化対応の新たな模索などが挙げられる。

わが国トップ、末吉のコカ・コーラウエスト

末吉紀雄の先任者である久保長の頃から、コカ・コーラウエストは、ボトラーとしてのフランチャイズの範囲を、徐々に拡大して来ていた。この方針は間違っていなかった。

これからは、中国市場がターゲットだということで、普通の会社ならそのため

に、いかに中国進出戦略を練るかが問われるだろう。ところがこの会社の場合、何しろトップの末吉がいくら中国市場を魅力的だと感じても、特別に米国の了解の元に中国市場をM&Aでもしない限りは、決して中国には進出できない。

だがこの変化の激しい時代に、手をこまねいていても先は見えてこない。よって、少子化などで成長があまり見込めない、わが国の将来を見据えてどうするか。戦略は一つしかない。それは、周辺地域との資材調達の共同行為などから発展して、徐々に地域を統合する戦略方向を模索することだった。

こうして、具体的な動きが十年前から始まった。

まず、平成十一年（一九九九）福岡・佐賀・長崎を治める北九州コカ・コーラボトリング（以下ボトリングを省略）と広島・岡山・鳥取・島根・山口を治める山陽コカ・コーラが合併し、コカ・コーラウエストジャパン（略称CCWJ）となる。

次いで平成十三年（二〇〇一）に、奈良・滋賀・和歌山を治める三笠コカ・コーラを子会社化。さらに平成十八年（二〇〇六）CCWJと大阪・京都・兵庫を治める近畿コカ・コーラとが経営統合して、コカ・コーラウエストホールディングス（CCWH）となる。

追って次の年の平成十九年（二〇〇七）、熊本・大分・宮崎・鹿児島を治める南九州コカ・コーラと資本提携し（二〇％出資）、持ち分法適用会社に。そして、昨年平成二十一年（二〇〇九）にCCWH、CCWJ、近畿コカ・コーラ、三笠コカ・コーラの四社を統合して、現在のコカ・コーラウエスト（CCW）となった。

合併効果と戦略的リーディングパートナー

会長の末吉は、この合併の目的と効果を次の三点だと述べている。

一つは、多様化するマーケットの変化を捉えて前進のターゲットを素早く発見すること。

二つは、固定的な投資の合同化により、コスト負担の効率化を図ること。三つは、お客様を視点としてマーケティングを強化すること。

確かに、百二十四年前に、アメリカのアトランタで、一薬剤師が発明した炭酸飲料、それが日本に昔から在った三ツ矢サイダーなどの清涼飲料材を凌いで、戦後の占領期を経てアメリカンカルチャーの重要なシンボルとして日本人に定着した。しかし現在、徐々に飲食文化の高度化と環境問題の激化を背景に、炭酸飲料・コーヒー・お茶、そしてミネラルウォーターの四本柱中心の構造に収斂しつつある。

具体的には、わが国の清涼飲料の消費規模は、現在五百ミリリットルのペットボトルに換算して、概ね四百億本強。その内訳はコーヒーとお茶がそれぞれ二三％、炭酸飲料一三％、ミネラルウォーター一一％、果実とスポーツ飲料、各一〇％弱といったところである。業者別では、コカ・コーラグループが三〇％でトップ、サントリー一八％、キリン一一％である。

しかし、コカ・コーラグループとしては、出来るだけ多くの同志と戦略的なパートナーを組まなければ、時代に取り残されるという危機感がある。

清潔・親切・明るさ・熱意が末吉の目指すグッドウィル

現在コカ・コーラウエストのテリトリーは、何と二府十六県、そこに包含される人口は四千百六十万人に膨らんでおり、日本全体の三三％に当たる。従業員数は先ほども述べたが一万人以上になり、販売本数年間五十二億本で売上高４８００億円。得意先は三十八万軒。おそらく約二万軒のテリトリー内コンビニやスーパーは殆ど含まれているだろう。また、自動販売機三十万台を保有している。

こうしてみると、すでにこの会社は地域住民に無くてはならない、公共施設を運営している重要な公益的使命を負う事業会社になっていると考える必要があろう。正に、末吉が新たに同社の会長として大いに活躍する必要があるのは、こうしたこの会社の存在感の重厚さと、社会的責任の大きさにあると考えられる。

そういうことを踏まえながら、最近彼が唱えているのが「グッドウィル、5つの習慣」、すなわち「お得意様の信頼と友情に裏付けられた人間関係の大切さ」ということだ。そのために、従業員と共に次の五つを実行しようと呼びかけている。

① 【清潔】服装・身なりは、その人のイメージ、それが会社・商品に繋がる。

② 【親切】ハキハキとした親しみのある話し方は、人の心を開き安心感を与える。

③ 【明るさ】笑顔は、相手も明るく、温かく迎えてくれる。

④ 【関心】関心を持って相手と会話すれば、相手も感心を持ってくれる。

⑤ 【熱意】確信を持った熱意の有る行動が、信頼に繋がる。

紙面の都合で、筆者の独断でやや要約したが、末吉と接していると、彼は正にそれらを地で行く素晴らしい男だと感じた。その根本は、「誠実」そのものである。

地元への貢献が、日本一の清涼飲料会社への道

もう一度、末吉紀雄のプロフィールを見てみよう。昭和二十年（一九四五）正に終戦の年に生まれた彼は、二十二年後の昭和四十二年（一九六七）西南学院大学商学部を卒業した。この学校の神髄は、言うまでもなくキリスト教の教えを誠実に実行する、人間社会への福祉貢献である。彼は、そうしたことが実際にすぐ実現出来る会社を選んだ。それが、当時の北九州コカ・コーラボトリング株式会社だった。入社する五年前の昭和三十七年（一九五二）に創業した若い会社だった。

こうして誠に「誠実」な、末吉青年の社会貢献が始まった。営業販売部門を手始めに、サービス・調達・物流そして製造現場、さらには企画・商品開発部門にも参加する。

二十四年後、平成三年（一九九一）に四十七歳の若さで、同社の取締役に就任し人事・経理・企画管理部門などを担当するようになる。四年後の平成七年（一九九五）に常務取締役、平成九年（一九九七）専務取締役、平成十一年

福岡アジアコレクション　福岡のファッション力を盛大に発信

福岡アジアコレクション　ステージ上で見た商品をその場で販売

（一九九九）取締役副社長と、概ね二年置きに昇進し、平成十四年（二〇〇二）代表取締役社長兼CEOに就任した。

末吉は河部福岡商工会議所会頭の片腕として副会頭を誠実に務め、重要な福岡国際空港増設に関する委員会を取り仕切ると同時に、今最も力を入れているのが、この三月に行われた福岡アジアコレクションのファッションショーである。スマートかつ知性溢れる表情が会頭の河部などと共に、会場の盛り立てに奔走したのは間違い無い。

彼は福岡とコカ・コーラの発祥の地アトランタとの姉妹都市締結にも尽力し、福岡市のアトランタ部会長を務めている。コカ・コーラウエストは長年ラグビーのトップリーグで活躍しているが、現在末吉は福岡県ラグビーフットボール協会の会長である。その他、佐賀に在る市村自然塾九州の代表も務めている。

これからも、益々社会貢献の仕事が増えるだろうが、彼はあくまで「誠実」をモットーに使命を果たす覚悟である。こうした地道な地元への貢献が、末吉紀雄が目指す日本一の清涼飲料会社へ繋がるというのだろう。

（家老その4） 副会頭「樋口正孝」
樋口正孝と株式会社山口油屋福太郎

樋口正孝・山口油屋福太郎副社長

福岡商工会議所副会頭の樋口正孝と初めて会ったのは、二〇〇九年の十一月下旬だった。初対面の場合、最初の四、五分間は雰囲気を創る意味も在って、大概は自分のほうから自己紹介を含めて懇談の目的などを話す。漸く雰囲気が出来て、話が弾むという具合である。ところが、樋口正孝の場合は、全くその必要がなかった。
場所は、福岡市南区五十川に在る山口油屋福太郎という会社の本社、二階の一角に一見会議室のような部屋が

山口油屋福太郎本社

あるが、奥には大きく立派な机が在る。女性秘書の案内でその部屋に入ると、座っていた机から樋口が笑顔で飛んできて、「どうぞ」と言いながら、大きなテーブルを挟み椅子が十個ぐらい在る席の真ん中に座るように手をさしのべた。その手が、自然に握手になる。「どうもどうも、わざわざ来て下さって」「はじめまして、お忙しいところに」とこもごも挨拶が終わり、彼がテーブル越しの目の前に座ろうとした途端に、机の上の電話が鳴る。「ちょっと、すみません」と身軽に立ち上がって急いで電話を取る。

短く電話口で用件を済ますと、戻ってきて「色々と商売の話やら、忘年会の話やらで済みません」と、今の電話のことを話す。ところが、いつもと違ってこの人には前置きの自己紹介など要らなかった。

「いやー、私なぞ取り上げて貰うような人間では在りませんよ。とにかく自由奔放に生きてきた人間ですからね。福岡生まれの福岡育ち、大学は東京に行きましたが直ぐに戻ってきて以来、ずーっと地元で気楽に忙しくしています」、というような話が、早口でポンポン飛び出し、正に先ずは十五分間ぐらいの自己紹介が在った。

「山口油屋福太郎の樋口とは、まあー大体こんな人間ですから、ご紹介頂くような人物では在りませんよ」と、何度も謙虚に述べた。

山口油屋福太郎の看板男の趣味は自然

「今時、福岡の中堅商社ないし食品製造業で、これほど堅実にかつ多くの事業分野で成功している会社は、他に余りないのではないでしょうね。売り上げもすでに年間120億円は超しているでしょうし、利益も当然二桁でしょう。関係する従業員は、多分一千名近いのではないかな」、と筆者に語ったのは杉尾政博である。杉尾は、今でも良く地元の経済動向を勉強しており、特に個別企業の業績には詳しい。その杉尾が言うのだから、間違いないのだろう。

「樋口さんは付属の出身ですよ」と、いかにも真顔で話すのは、西日本新聞の記者時代に、杉尾の部下だった末永美登である。末永は樋口と学部は違ったが早稲田で同期である。大学時代は面識は無かったが、末永が新聞記者として樋口を取材して以来、「オイ、お前」と言い合える真の友人の一人だという。

樋口正孝は、第二次世界大戦が始まって二年目の昭和十八年（一九四三）六月、福岡の南に聳える背振山の麓で、昔で言えば地主と庄屋を兼ねた家の四男として生を受けた。もちろん戦時中であり、国民全員が厳しい生活を強いられた時代だったので、両親は子供の成育にはかなり努力を強いられたことは間違い無いだろう。しかし、幼児期のことは本人が知るよしもないことだが、「物心が付いた時期には、家に多くの人が寝泊まりして、みんなが子供の遊び相手をしてくれた」と言う。

懇談中に、「趣味は何か」と聞いてみた。すると、この時ばかりは即座に「自然そのものに触れることですよ。そのDNAは、幼児期にあります」と述べた。小高い山の麓で「とにかく、楽しかったなー。家が在った場所では、四季折々の変化が肌で感じられ、それは天が与えてくれた恵みでした。そこで、一日中徒党を組んで山猿のように遊び回った」と話す樋口正孝は、今でも自然に接することが出来る園芸、そして陶芸にも熱心に取り組んでいる。先ほどの末永に言わせると、間違いなくプロ級だと述べていた。

教育大付属が、樋口正孝の出発点

家に出入りする沢山の大人に遊んで貰っていたという樋口正孝には、恐らく本能的に自分の将来における向かう方向が、読めていたのだろうか。もちろん樋口が秀才であったことは間違いなかろう。いずれにしても、彼は軽々と福岡の教育大学付属中学校に入学する。

教育大付属の中学校は、東京だけでなく全国に在るが、どこの付属も実に結束が堅くかつ先輩後輩の秩序においては、昔の軍隊顔負けのところがある。そのはず、彼が書いた「一歩歩行万里」という名文をそのままご披露すると以下の通りだ。

「付属中学、同窓生の皆様は冬の凍てつく早朝から夕方遅くまで歩き続ける十五里（六十㎞）行軍を思い出されるでしょう。まだ暗い道を西に、初めの元気が、やがて加わる疲労に変わり、大きな血豆になどに悩みながらも踏破するのです。肩にはためいていた大きな旗竿が重くて辛い。こうして、厳しい環境での励まし合いや助け合い、また一粒の氷砂糖のどんなに美味しかったことか。その体験が、五十年過ぎた今も思い出される。同級生達との絆は深い」。そして、樋口の名文の結びはこうだ。

「こうして、一歩一歩が万里に到達する。目標をしっかり見定めて、日々の積み重ねの大切さを教わりました」

余談だが筆者にも、昔の会社で友人の一人に樋口同様、東京の付属を出た男がいた。三つ年上の星野聡史だが、彼は副社長になり関電工では社長、会長を務め数年前に勇退した。今はもっぱら、八十過ぎの自動車好き、囲碁そして盆栽に凝っている。また、この男の三味線は本物である。一度じっくり、柳橋の料亭で聴かせて貰ったことがあるが、何十年か前の会社入社直後から、正に隠れてこっそり神楽坂に習いに通っていたというのは、本当のようだ。

この男が、何かというと「京橋の天麩羅屋天七の女将は付属の後輩」と言っては、みんなを連れて行く。彼が号令を掛けると、同じ会社の後輩が集まる。大正製薬副社長の大平明、日銀の政策審議委員だった春英彦などが居り、十人ぐらいは直ぐ集まるようだ。序に述べると、付属の同期に越智通雄が居たという。だから、彼がかつて越智の後援会も、一所懸命手伝っていたのを覚えている。

その星野が、これまた樋口と同じく大学は早稲田なのだ。無類のラグビーファンで、練習試合まで激励に行く。三年前九州電力がトップリーグに上がった頃、大学一位の早稲田と当たった。「九電なんか、早稲田に勝てっこないよ」と電話が掛かってきた。やむなく秩父宮まで一緒に観戦に行く。ところが、彼の予想に反して、倍ぐらいの点差で早稲田が負けた。帰り道に曰く、「意外だったな、でも早稲田は怪我が多くてトップの連中が居なかったな」と弁じていた。昨年九電は、正に怪我人が続出し連敗、トップを降りた。彼のしたり顔が見えてくるが、未だ電話は掛かって来ない。

高校はミッション、大学は早稲田で人格形成を深めた樋口

樋口正孝と面談していて分かるのは、この人は絶対に相手を退屈させない。話題豊富な原因が、すでに高校時代からの蓄積に在るようだ。何故なら、彼はミッションスクール西南学院に入り、キリスト教の聖書を学んだ数少ない日本人だからだ。日本の宗教とは全く思想の異なる、言ってみれば異文化そのものに接し、二十歳前の多感な青年期を過ごした経験は「実に貴重で、幸運だった」と本人が吐露している。

このため最近もそうだが、樋口は国際的な会合などの場で外国人と交流する折など、相手方の心情が意外に理解しやすいという。

その樋口が、自らを見極めてのことだったが、大隈重信の自由廉潔な思想と行動に惚れ込み、早稲田大学法学部に入学する。昭和三十八年（一九六三）東京オリン

ピックの前年だから、高度成長に掛かる直前の時期。よって学生運動も激しさを増していたが、樋口はすでに高校時代にミッションで異文化に触れて、世の中を見る目が大人びていた。友人とは、朝から晩まで議論をしたが、樋口は学生運動には加わらず、世に言うノンポリの道を歩む。こうして彼は、一般の学生が国内問題で身をすり減らしている時、ケネディやミコヤンの演説を、直ぐ側で真剣に聴いていた。

先輩山崎拓との出会いが社会人の始まり

樋口正孝が卒業の前年、すなわち昭和四十一年（一九六六）十月、彼は大手銀行に就職も内定、修学旅行に一つ海外にでも、と計画を練っていた。ところが突然同郷の先輩山崎拓から、来春の福岡県会議員の選挙に立候補するので、是非手伝ってくれないかと直に頼まれる。なにしろ、義理堅い樋口である。特に先輩に頼まれたら断れないというか、相手が何かとアドバイスを受けてきた大先輩だ。むしろ、喜んで選挙応援をすることになる。

その時先ず、彼の頭に去来したのが、先程述べた付属中学校入学時に、筆墨で書かされた「恩」という文字だった。郷里に、そして早稲田や先輩に恩になって卒業し目出度く就職できる。その恩に可能な限り、応えたいと彼は想った。山崎は未だ二十九歳、彼自身もそして手伝う樋口たちも、一回目は駄目かも知れないと思いつつ、しかしやるからにはと懸命に頑張る。その甲斐あって、何とトップ当選した。「結果的にはトップリ嵌り込んで、当選の感動と喜びを山崎さん本人は元より、仲間たちと共有しました」と今でも感激的な話になる。さらに、樋口は次のように語った。

「選挙中全く無名の新人候補が、情熱を傾けて語り波紋を広げました。そして人々の魂を揺さぶる音が聞こえて来るようでした。世の中には、そうした温かい心の広い人たちが沢山居られる、ということを実感したのです」

だから、就職のことなどすっかり忘れるぐらい、のぼせ上がっていた。結局内定していた会社が用意した事前のオリエンテーションに欠席し内定取り消しとなったが、悔いは残らなかった。樋口は、それ以上の素晴らしい人生の教訓を掴んでいたという。言うまでもなく、その後山崎は衆議院議員となり、福岡だけでなく日本を代表する大物政治家に成長した。山崎との付き合いは、終生変わらないのだろう。

矢野特殊自動車に就職、皇太子殿下ご成婚記念海外視察団に参加

結局樋口は、地元の株式会社矢野特殊自動車という、独立系の会社に就職する。この会社は、すでに何回か筆者の随筆に登場しているので、ご存知の読者も居られると思うが、トヨタよりも古く、創業者矢野倖一によって日本最古の自作自動車を造った会社である。日本初の福岡運輸が開発した冷凍輸送車も、矢野の技術がなかったら生まれなかった。

樋口が就職したのは、そういう会社だから「自由な発想、創意工夫で毎日が新たなチャレンジの連続、誠に心躍る楽しい日々」だったと回想している。勤務態度は実に真面目で、かつ自らの創意工夫を直ぐ実行するという、新入社員らしくない破天荒な行動が、ピッタリこの会社の社風に合致したようだった。

このため、入社二年目には、自ら応募した政府派遣の海外親善使節団員に、数々の試験を経て合格。僅か八人中の一人として、三カ月半に亘りアメリカと中南米を訪問する幸運に恵まれた。この使節団は、平成天皇陛下が皇太子の折、美智子妃殿下とのご成婚記念行事の一環で実施されたものだった。これまた、入社早々の若者を気持ちよく、政府代表としてのミッションに送り出した矢野の度量と、もちろん

本人の素晴らしい気力と能力が在ってのことである。

樋口は、この時もまた富津の若者が経験出来ない海外経験を、胸いっぱいに吸収した。特に発展途上国を多く訪問した経験が、その後彼が熱心にボランティア活動の重要性を説き、同時に積極的に実行している姿に繋がっている。

山口油屋福太郎に入社、兄弟で発展に努力

六年間に亘りしっかりと社会と経済の勉強を済ませ、これまた本人の自覚が在って、創業家長男の兄、山口毅が経営する有限会社山口油屋（現在の株式会社山口油屋福太郎）に入社する。昭和四十八年（一九七三）八月だったが、直ぐに営業部長を命じられ「油売り」に専念しはじめた。

この会社の歴史は古い。明治四十二年（一九〇九）樋口の曾祖伯父に当たる山口源一という男が、福岡の新瓦町という所で菜種を使った食用油製造業を始めた。食材としてなくてはならない食用油を、誠実・正直・清潔に造り色々な商店や旅館などに卸し、信用と信頼を受け継いで商売を広めてきた。戦後の混乱期を経て、昭和三十年（一九五五）、二代目の山口重氏が会社を法人化し、有限会社山口油屋に改

名、代表取締役になった。昭和四十九年（一九七四）には、誠実な事業が評価されて博多税務署より、優良申告法人に指定されている。次いで昭和五十年（一九七五）に、株式会社山口油屋に改組した。樋口はこの時副社長に就任し、以来何と三十五年間副社長である。

またこの昭和五十五年頃から、同社は総合食品問屋に発展し、油の製造販売だけでなく外食産業の資材なども含め、手広く食品の加工やその卸しと小売りも自ら手掛けるようになっていく。

山口油屋福太郎の明太子工場

このように同社が発展した裏には、昭和五十九年（一九八四）三代目社長に就任した樋口の実兄で、六つ年上の山口毅のリーダーシップと同時に、弟樋口正孝の世の中のグローバルな変化を見抜き、兄の社長に進言して実行する、幅広い情報力と行動力が在ったことは言うまでもない。序でだが、兄の山口毅も昭和三十五年（一九六〇）に総理府派遣の日本青年海外使節団として、弟の樋口同様に中南米を視察している。

山口毅が社長に就任した時に、同社は社名をわざわざ、長々とした現在の株式会社山口油屋福太郎という名前に変えた。多分これも兄弟相談してのことだろうが、この時一万坪の敷地を持つ現在の広大な本社ビルと明太子工場、冷凍食品倉庫などを新設したので、福岡に発展する会社の願いを込めて、斬新なブランド名にしたという。辛子明太子の元祖は、以前、取り上げたことのある「ふくや」だが、この会社も「女性や子どもでもご飯のおかずとして食べられる明太子つくり」を目指し、「味のめんたい福太郎」を開発した。福太郎を名乗るのは、その意味でも重要なのだ。世の中の表現が、全てヨコ文字と短さを競っている。そんな時代に、逆のユニークな発想をしたのは流石だと思う。現在は、酒類の販売や飲食店も経営する状況だ。序でだが、兄山口毅の奥さんと樋口正孝の奥さんは姉妹であり、兄弟同士がオ媛の美女を娶ったという幸福者同士でもある。

福商の百三十周年行事を背負った樋口正孝

既述の通り、現在樋口は福岡商工会議所で、会頭河部浩幸の格好の女房役として百三十周年事業の実行委員長を命じられた。

「会頭の河部さんからは、愛され、信頼され、行動するという三つを福商の基本理念に新たなブランドづくりを目指すように言われました」。よって「会員企業だけでなく非会員企業にも、そして市民の方々にももっと温かい支援が必要だと考えました」

こうして、樋口はその思いを「おせっかいを誇りとします」というキャッチフレーズと共に、ロゴマークとイメージキャラクターの「よかぞう」誕生させた。

（注）ご参考までだが、この本の裏表紙に、このキャラクター「よかぞう」を使ったので、じっくりご覧頂きたい。

130周年記念イベント「親子スポーツ教室withアビスパ福岡」

その樋口は、すでに昭和六十二年（一九八七）以来、商工会議所の議員歴は二十年を超える。よって、これからも多分、会頭河部の大切な女房役の一人として、益々重要な役割が待っていることだろう。

「あらゆる都市機能を有し、利便性を追求していく東京のような大都会を目指すのではなく、愛する福岡の良さは人情味と溢れる情緒」と述べる樋口である。

さらに「この魅力を大切にしながら、その発展に貢献していくことが重要でしょう。福岡という都会が、やはり九州全体の牽引車でなければ意味が無いとおもいます。そのために一層懸命に努力するのが私の役目です」と締めくくった。

（家老その5）副会頭「土屋直知」

河部浩幸と土屋直知

福岡商工会議所副会頭の名簿順で、五人目は株式会社正興電機製作所の最高顧問土屋直知であるが、二年前の春会頭の河部浩幸から就任を要請された時、彼は正直びっくりしたという。これまで、同友会や経営者協会などでは海外交流のミッションにも参加しているし、定期的な勉強会などでも活発に意見を述べてきた。しかし、商工会議所での活動は余りしてこなかったからである。

土屋直知・正興電機製作所最高顧門

しかし躊躇している土屋に、河部ははっきり述べた。
「土屋さんのところのように、もう百年以上も地元でしっかり頑張っている、信用もあるところが、会議所の発展に大いに尽くしてくれないと困る」

人なつっこい河部の、真剣な口説きに「判りました」とその場で応えるしかなかったという。その土屋直知のことは、随分以前に一度取り上げさせて貰ったことがある。

わが国にまだ、会社という概念が乏しかった頃、すなわち前世紀初めのことだが、福岡で土屋直幹という青年が、自主技術による電気制御装置を中心に製造会社を興した。

その時付けた「正興電機製作所」という由緒在るこの会社は、すでに八十九年（来年が九十周年）の伝統を誇る立派な地元企業に育っている。土屋直知は六代目の社長で現在は最高顧問、社長の井上信之は創業家とは関係ないキャリア初の七代目社長である。

そこで改めて、今回は福岡商工会議所の副会頭として、本人に面談の申し込みをした。すると、「私はすでに、一度ご紹介して頂いて居ります。それより商工会議所には、沢山人士が居られるので、他の人を是非取り上げて下さい」と真顔で遠慮された。

「でも、会頭の河部さん、続いて五名の副会頭の方々を取り上げる約束をし、順次書いていています。土屋さんが最後で、他の方々はすでに終わっていますのでよろしく」と言うと、それでは仕方が無いということになった。このように、彼は誠に誠実かつ決して、必要以上の自己主張せず、目線を他人の評価以上に成らないように努力しているジェントルマンである。

福岡の三大名物寺
――聖福寺《しょうふくじ》、崇福寺《そうふくじ》、承天寺《じょうてんじ》

土屋と話をした時、「うちの菩提寺は、ご存知の承天寺という博多駅近くに在る寺ですが、今回は是非そこを取り上げてくれませんか」と言うのである。現在、福岡市内に寺院が、約二百カ寺も在るのはご存知だろうか。しかもこの数は、この三月末現在、市内にあるホテルと旅館の合計百九十八軒と、ほとんど同じである。人口百四十余万人の福岡市は、人口の比率でホテルの数は日本一だというので、寺院の比率も同じように日本一かと思ったが、京都には敵わないようだ。それでも、全国第二位というから大変な数だが、その中で極めて著名な禅寺が三つ在る。三大名物寺について、先ず述べておこう。

一つは、「聖福寺」と言う。日本で一番古い禅寺といわれ達磨大師に繋がる臨済宗妙心寺派に属し、場所は市内博多区御供所町《ごくしょまち》にある。最古というのは、元久元年（一二〇四）に、後鳥羽上皇が御宸筆で「扶桑最初禅寺」と記した扁額を創り、山門に掲げたことによる。その寺は、この上皇命名の十年ほど前、建久六年（一一九五）に栄西禅師《ようさいぜんじ》が中国（当時は南宋時代）に学び、帰国した直後に建立したといわれるものだ。

栄西は、この時持ち帰ったお茶の苗木を佐賀の吉野ヶ里で栽培したが、その後、聖福寺を建てた時に移し換えたという。その茶の木は、今でも境内で見学することが出来る。この寺が、日中交流の拠点といわれるのは、こうした由来による。また、下って江戸時代に、禅画で名高い仙厓義梵和尚《せんがいぎぼんおしょう》が、この寺の住職を務めたことから、一般庶民にも親しまれるようになった。茶の湯の会も広く行われてきた。因みに、今年二月には石原進JR九州会長などの努力で、境内のひょうたん池が見事に甦り、さらに四月には鎌迪貞九州電力相談役を会長とした茶会を、栄西会と称して

『承天寺』

【饂飩蕎麦発祥之地の碑】　【御饅頭所の碑】

【石庭「洗濤庭（せんとうてい）」】

盛大に行った。なお、春はこのように鎌田の栄西会だが、秋には出光豊新出光相談役が中心となり、仙厓会と称し同じように茶会が催されると、才媛の茶道師匠である志村宗恭が皆さんに紹介していた。

二つ目の寺は、博多区千代にある黒田藩の菩提寺「崇福寺」という禅寺であり、ここには黒田長政以来の墓が在る。元々は、天台宗の寺として建てられたものを、聖一国師《しょういちこくし》が仁治三年（一二四二）に禅寺に改宗。序でながら、この名僧は静岡に生まれた円爾《えんに》（一二〇二～一二八〇）という人で、中国杭州にある径山《きんざん》の興聖万寿禅寺《こうしょうまんじゅぜんじ》でしっかりと修業されて仁治二年（一二四一）、三十九歳の時に帰国。以後、日本の宗教、学芸、文化の発展に尽くし、初めて国師の称号を得た人物である。

三つ目が「承天寺」という、先述の通り土屋家の菩提寺である。この寺は、まさに聖一国師を開山に迎えて、謝国明という中国（当時南宋）から帰化した貿易商人が、仁治三年（一二四二）に建立したもので、天皇家から勅賜を貰っている。ここは臨済宗東福寺派に属し、最も格式が高いと言われている。聖一国師は、すぐに朝廷藤原道家から京に上るよう命じられ、京都五山で有名な東福寺を開山した。承天寺在住は僅か二年間だったが、生涯、承天寺を里寺として別格の寺として扱い、現在も位置付けられている。

博多文化の始まりに惹かれる土屋直知

土屋は、奥さんと共に毎年かなりの日数、この承天寺の山門をくぐっているようだ。もちろん、ご先祖のお墓参りということもあるが、他にも一つほど理由がある。一つは、この寺が博多文化の興りに、種々大いに関係があるという点である。すなわち、同寺の始祖である聖一国師はもとより、強力な支援者であった謝国明などの活躍によって、中国との貿易や外交、また文化交流が盛んになり、中世以降の日本文化に大きく影響を与えた。当時の寺は、国際交流と同時に交易の窓口だった。したがって、今の商工会議所の役割と重なる部分がある。

よって、福岡商工会議所の副会頭を務める土屋には、こうした歴史的事実はこれからもその活動に大いに参考になるからだ。例えば、うどん・そば・饅頭が、聖一国師からもたらされたことから、承天寺が発祥の地と言われ、その祈念碑がそれぞれ建てられている。すなわち、この寺のこうした中国大陸との文化活動や交易に関連し導入され、次第にわが国独特の食文化になったということだ。序ながら、茶祖は栄西だが、静岡の茶は聖一国師が中国から持ち帰り、気候が近い故郷にて興したと伝えられている。

土屋の好意で、住職の老師に面談した時、その美味しい饅頭と茶をご馳走になった。

山笠発祥の承天寺

この寺は、不思議なことに道路を隔てて二つに分けられて現存している。どうしてかと伺ったところ、「戦後の都市計画の際に、この寺の真ん中に線引きをしてしまい、その通りに道路を造ったそうです」という答えが返って来た。なんともお粗末な話であり、最近この無用の道路を廃止しようという動きがあると聞いた。当然だと思う。

もう一つ重要なことがある。この寺が、かの有名な博多の夏の風物詩「博多祇園山笠」発祥の地ということだ。『追い山』の日、櫛田神社を出発した山が、承天寺の前で深々と頭を下げる光景が見られる。(中略) 早朝のこの光景だけはとても神聖で、凜とした雰囲気を感じる」と、寺の紹介誌に書いてあった。

歴史書によると、疫病が流行った時、この寺の聖一国師が弟子に餓鬼棚を担がせ、聖水を街中に撒いて回ったところ、疫病が退散した。これが、今の博多祇園山笠の興りに繋がっているという。

神社仏閣は福岡の観光名所

土屋に約束したとおり、承天寺のことをもう少し触れておこう。現在の住職は、佐賀出身の神保至雲老師四十八歳であるが、懇談しながら、格式の極めて高いこの名寺を預かるに相応しい人物であると感じ入った。それは、若いにもかかわらず、常に笑みを絶やさず、また決して威張ったような仕草は一切無い。むしろ謙虚に相手の話を聞き、訊ねられれば素人にも十分分かるように説明してくれる。そしてとにかく堂々としているのだ。十五歳の頃から仏門に入り、この道一筋に宗教という思想哲学を極め、二十八歳で得度した人物である。禅宗の中でも、この名寺の属する臨済宗東福寺派は、最も戒律が厳しいことで有名である。もちろん妻帯は許されず、老師の称号を貰っていても、毎朝三時に起床して始まる一日のお勤めを疎かにすることはない。むしろ、トップリーダーの至雲老師こそ、最も厳しい毎日の修行が続くのだという。

さて、この名寺の他に、福岡には前回紹介した後鳥羽上皇によって命名された、日本最初の禅寺である聖福寺や、黒田藩の菩提寺の崇福寺が在る。承天寺には、聖一国師と共に中国に渡った博多織の祖師満田弥三右衛門の墓、貞奴が建てたという、おっぺけぺー節で有名な、川上音二郎の巨大な墓があり、名物の一つだ。それに劣らず聖福寺も、禅画の仙厓和尚や日本茶の伝来で有名であるし、一方、黒田藩の崇福寺の境内には、鳥井宗室や頭山満が並んでいる。前述の通り、これらを筆頭に福岡市内だけで、二百カ寺を数える寺が在る。

一方、神社も凄い。筥崎八幡宮や英彦山神社や太宰府天満宮などから始まって、福岡には優に数百の社が鎮座する。

これらを纏めて、国内外からやってくる観光客のための名所にどうだろうか。もちろんそれだけではなく、中国や朝鮮の歴史と絡ませて特色のあるものにすれば、アジアの時代のこれからの観光の目玉になるのではなかろうか。

自主自立を心掛ける土屋直知

さて本論に戻ろう。福岡商工会議所の会頭河部浩幸が、片腕の一人として期待する正興電機製作所の最高顧問土屋直知は、就任以来会議所の新たな道は、きめ細かな会員サービスと同時に、地域に本当の貢献をしているのは、「やっぱり商工会議所だ」と、市民に認めて貰えるような姿にすることであると主張し続けてきた。その土屋の考え方の基本に、「自主自立」ということがある。別の言い方をすれば、会員の方々が苦しいけれども自ら道を切り開いていくという考えがあって、初めて会議所は熱心な助力協調を率先して行うということであろう。結論を言えば、どんどん会員が増え、そうして会議所会員になってプラスになったという声が膨らむことを、会頭河部の補佐役として真剣に考えているようだ。

五月のどんたくやその他のイベントに、土屋が積極参加する姿は頼もしい。また、彼は会議所ビルの将来的な構想を纏める責任者である。この建物構想の中に、商工会議所の新しいシンボルを模索しようとしているのではないか。その軸足に、これからのＩＴ時代の経営者は、自主自立を基本にしなければならないという信念があるようだ。

自主自立は創業者の社訓

創立者土屋直幹の社訓は「自主自立」であった。六代目の直知は、社長になった平成九年（一九九七）の就任挨拶で、新しい時代を見据えながら同時に、「創業の原点をしっかり踏まえていく」と述べている。社是「最良の製品・サービスを以って社会に貢献す」を全社に浸透させると共に、普遍的な経営ビジョンとして、

① 情報と制御の独創技術で、環境に優しい、安全で快適な社会の実現を目指す企業

② CS経営に徹し、顧客に愛され信頼される企業、併せて、株主様と社員の満足度の高い企業

③ 人間尊重を基本として掲げ、自己実現の場作り、人材育成、人との出会いを大切にする企業

の三つを掲げて経営改革に取り組んできた。

その結果、コア技術を活かしてお客様が望むもの、社会に役立つ会社として自主製品を積極的に開発し事業の再生強化、新事業の創出を実現している。

主な製品には、電力系統総合制御システム、配電線自動化システム、ディジタル型系統保護システム、水処理監視制御システム、メダカ水質監視装置、特高受変電

システム、蓄電システム、さらに設備保守支援システム、金融・港湾・電力などのシステムインテグレーション、データセンターＡＳＰサービス、機能性液晶複合膜などが挙げられる。

一昨年のリーマンショックで、景気が悪化し、やや売り上げや受注が落ち込んだが、最近はそれこそ自主自立の技術イノベーションを売り込み、電力関係はもちろん高付加価値の公共事業の実績づくりも本格化した。経営の効率化と共に、今後は業績を大きく伸ばすことが期待される。

正興電機製作所の電力系統総合制御システム

土屋の経営方針をしっかり受け継ぎ、七代目の社長になった井上信之は、効率化に拍車をかけると共に海外事業を含めてさらに新たな時代へ向けての事業活動に目を向け、自主的な展開に意欲的に取り組みつつある。

小唄から市民歌舞伎まで

昭和二十年（一九四五）終戦の年に生まれた土屋は、

昭和四十四年（一九六九）九州大学工学部を卒業すると、創業者の曾祖父直幹や、三代目社長の父巌の意をうけて小平浪平が創った日立製作所に入社し、メイン工場のある茨城県日立市に移り住んだ。才媛の奥さんを娶っての勤務だったので、仕事も生活も誠に充実したものだったようだ。

日立に十二年余り勤めたが、当時は日本の高度成長期で毎日夜遅くまで働くのが当たり前の時代。工場の町で、技術者として仕事一辺倒で過ごしたので、余暇を楽しむというような趣味には巡り会えなかったようだ。しかし、日立を辞し、地元福岡に帰り、正興電機製作所に入社すると、やはり博多の文化になじむことが必須条件になってくる。社長になって経営改革に一応の道筋ができ、多少気持ちの上でも余裕が出来た頃、取引先の先輩から財界の錚錚たる方々の小唄の会に入会を勧められ小唄をたしなむようになった。真面目に努める土屋は名取りであるが、一切そのような素振りも見せず「いや、まだまだ素人です」と謙虚に述べるのである。

土屋と極めて親しくなった筆者は、彼が実は何にでも興味を持つ好奇心旺盛な性格である、ということに気が付いた。経済同友会の活動では、すでに幹事役を務め、また年に一度の海外経営研修にも参加し、世界情勢の変化をしっかり吸い取っている。昔の設計者の習い性と思うが、図面をひいて自分で作るものづくりが好きで、木工を趣味としている。最高の労作は庭のパーゴラと、孫用のベビーベッドという。会議所が主催する経済人余技展にも作品を出展していた。また二年前から、長年途絶えていたチャリティー歌舞伎を、九州電力会長の松尾新吾と河部が中心になって始めたが、土屋も昨年参加し、商工会議所としての地元の社会貢献に尽力している。

小唄実演中の土屋氏（左）

福岡チャリティー歌舞伎

商工会議所の会頭河部以下五名の副会頭が、演技技能を争う姿が目に浮かぶ。公私ともに彼のますますの活躍を期待している。

第五話

「すでに日本一だ」とは何か

日本一を創り出す五つの仕掛け（一）

全国の商工会議所のトップを目指すと宣言する会頭河部浩幸だが、具体的な取り組みについて、筆者は是非紹介したいと思った。そこで、先日来何回か福岡商工会議所に足を運び、関係者に集まって貰い説明を聞く。いろいろ紹介してきたように、家老から奉行以下みんなの取り組み方は判った。

しかし「すでに、河部会頭が『行動する日本一の会議所』を目指しはじめて三年目になるので、幾つかはもはや日本一というものがあるでしょう?」と、専務理事の橋本洸に質問した。

「もちろんありますよ。具体的に紹介します」と胸を張る。

そこで、日程を調整の上某月某日九時から二時間びっしりと、六名の会議所中堅職員などの強者に囲まれて、「福岡商工会議所の日本一とは何か」をレクチャーしてもらった。こうして、すっかり洗脳された内容をまとめて紹介することにした。なお、筆者を洗脳したのは、何と次のような殆どが若手職員だった（括弧内は担当業務）。
＊参与の渡邉達哉（コンプライアンス）＊商工振興本部国際経済グループ課長代理の田中大輔（海外ビジネス展開）＊同経済部長の高比良拓児（ファッション）＊会員サービス本部課長代理の土斐崎美幸（九州観光マスター検定）＊総合企画本部企画広報グループ長の増田徹也（企画総合）
であるが、渡邉はむしろ全体の兄貴分といったところだ。

話を彼らから聞いている内に、そこには結局「組織マネジメントの原則」があることが判った。

「組織マネジメントの原則」とは、多分会頭の河部浩幸が組織を活性化させ、全員が仕事に生き甲斐を感じる手法、則ち集団には、勝ち気な人、内気の人、深慮有る人の三つのタイプが必ずある。それを、上手に見抜き全員が協力し合うように仕向ける。それを踏まえて、この福岡商工会議所には、すでに次の五つのマネジメントの仕掛けが作られていると思った。

《第一の仕掛け》

組織の秩序は守るべしが大前提。だが、職員は上下に関係なく誰でもアイデアを提案出来る仕組みになっていること。

【深慮と勝ち気の掛け合わせで、マネジメントの人材を選ぶ】

特に、みっちり若手職員は研修などを通じて「洗脳」され、どしどし自ら進んで提案したことを実行できるという仕組みが出来上がっていくことが、先ず最も重要である。

若者は、その仕掛けを前向きに捉えて突き進む訓練がいる。橋本洸に言わせると、計画的な「オン・ザ・ジョブトレーニング」しかないということになる。

《第二の仕掛け》

失敗を責めるだけでなく、むしろ深遠な考えで評価に結び付けるマネジメントの繰り返しの重要性を先取りすること。

【長期の観点で、現実の諸課題を近い将来の勝利に結び付ける人材の必要】

特に若者たちが、生き甲斐を感じ組織の中で腐らず頑張ることが可能となるポイントは、それぞれの個性をリーダーが見抜くことが出来るかどうかにかかっている。

小さな失敗が、大きな成果をもたらすポイントである。

《第三の仕掛け》

グローバルな観点から何が変わるか、そして一方変わらないものは何かをじっくり見抜く力量が必要なこと。

【歴史的な流れを踏まえて、自らの地域の特性を分析し得る能力の陶冶】

原点に還って、どのような流れでここまで来たのかを、常に勉強するという謙虚な基本姿勢が必要であり、その心構えが有れば不思議と先が読めるようになる。

《第四の仕掛け》

基本は、中小企業を如何に支援し、社会に役立つ会社にしていくかに在る。しかしながら、商工会議所の特別民間法人という立場で、しかも新たな時代に向けて、奉仕の精神を如何に活かせるかという基本認識の重要性を忘れてはならないこと。

【民間の立場と公的な立場の双方を踏まえ、双方の共生による事業の推進】

組織の特性を考えれば、会議所のリーダーが、そこは会社と公共との共同作業を上手に盛り上げていく場である、との認識を具体化するため、いかに有能な人材の配置を行うか、ということが決め手になる。

定額給付金給付にあわせ、街頭で消費拡大を呼びかけ

《第五の仕掛け》

物事の基本は、現場にある。以上の四つの仕掛けを踏まえながら、現実の現場の現場の動きの中から、真の課題や問題点を抽出すること。

【人は誰でも、自分が中心であるということを踏まえて、しかしそれをどれだけ乗り越え、他人の目線で現実を判断できるか。我慢の真理探求が条件】

福岡商工会議所会頭の思いが、この一点に基本的に在るのかも知れない。トップになればなるほど、常に自ら深く広く情報収集を怠らないという姿勢が、真のリーダーの条件である。

自認する六つの日本一（二）

以上を踏まえながら、福岡商工会議所がやはり今や日本一だと自認できるものを具体的に挙げると、次の六点だという。

《1》福岡商工会議所が全国一の会員数獲得率継続
《2》会議所が主体と成ったコンプライアンスの推進
《3》会議所が中心になって進める福岡アジアコレクション
《4》会議所が直接斡旋する真水（食材）の輸出拡大
《5》会議所が一元化して進める九州観光
《6》会議所が主体に活動する女性の活用

少なくともこの六つは、福商が全国五百十五カ所の商工会議所のトップだと自認している。具体的に、述べてみよう。

自認する六つの日本一（二）

①　全国一の会員数獲得率継続

十七年前、福岡商工会議所の会員は、一万六千六百を超えていた。

だが、その後徐々に低下し、種々の原因が重なり八年前の平成十二年（二〇〇〇）に一万二千百五十五に減る。

四年後に一万五千台まで回復したが、それ以上には伸び無かった。三年前河部会頭が就任。「会員獲得こそ、商工会議所存続の意義」と、自ら現場を回って運動し始めた。会議所全員が、会頭の思いを共有し突き進み、平成十九年（二〇〇七）一万六千二十一に回復。昨年の平成二十一年（二〇〇九）一万六千三三五と増加した。

まだまだ努力が足りないと言うが、十年前（二〇〇〇年）の最低数からの増加率三四・四％は多分全国一、それにこのところ増加が続くのも、日本一だろう。

こうした努力に直接携わる人物の紹介をしておこう。

先ず先に紹介した総務委員会委員長で食料・水産部会長を兼務する佐藤磨、専務理事の橋本洸は言うまでもないが、常務理事の南里勝利、理事・事務局長の織田孝二、総合企画本部長の猪野猛、会員サービス本部長の野口昭一、商工振興本部長の三角薫、参与の林田範雄、総務企画部長の中芝督人、企画広報グループ長の増田徹也と並べればきりがない。

暴力団排除・飲酒運転撲滅を訴えるチラシを配布

② コンプライアンスの推進

この点も多分、福商が多分日本一だと自認するのは、参与の渡邊達哉や事務局長の織田孝二の弁だ。福商は三年前から、組織を挙げてコンプライアンスの徹底に乗り出し、県警なども協力して、会員の繰り返しの研修を実行している。コンプライアンスとは、単に法律を守れば良いというのではなく、隠れた飲酒運転や暴対なども含め、道義に反する行動は一切行わないとの堅い意志に訴える運動である。

この前提には、商工会議所が百三十年前敢えて「商法会議所」の名前で発足した歴史的事実を踏まえるべきだとの認識が強く宿っているからだと筆者は認識している。世紀の変わり目に、極めて重要なことである。

③ 会議所が福岡アジアコレクションの積極化

次の「第六章」でも触れるが、今河部会頭を始め担当副会頭の末吉紀雄その他殆ど全ての関係者が、これほど「福岡とアジア」を結び付けたファッションのコレクション推進に力を入れているのは、正に他の地域からの参観者などには驚きだろう。

事務局では商工振興本部長の三角薫がその中心人物だが、筆者を直接洗脳した経済部長の高比良拓児などは、ファッション産業振興の業務にたっぷり浸かり懸命に尽力。正に、プロのコンサルタント並みの働きのようだ。何しろ今年三月二十一日福岡国際センターで行われたファッションショー「福岡アジアコレクション」では、四十八人の著名モデルの新作ファッションの登場に、何と七千三百人が押しかけたという。

この大成功の波及効果は大きく、その後のアジアからの観光客の拡大化やファッションにそのまま影響したコレクションの注文が増えている。

アジア即ち韓国・中国・台湾などと本格的に国際交流を図るには、こうした具体性が必要かつ重要であり、こうした福岡商工会議所挙げての努力は、矢張りすでに日本一だと自認している。

④会議所が直接「真水」（食材）の輸出を斡旋仲介

福岡アジアコレクションと楽天市場との提携

筆者の質問は、食材の売り込みに成功しているというが、具体事例を聞きたいということであった。これも当然商工振興本部長の三角薫が担当する分野。同時にこうしたことは関連企業はもちろん、福岡全体さらに九州全体の商工会議所との連携が必要である。また、県や市の関係職場や議員と議会の協力も絶対欠かせない。こうしたことに長けている人物が、参与の林田範雄と総合企画本部長の猪野猛、それにもう一人、総務委員長兼食料・水産部会長の佐藤磨。当然三角薫は、この三人の強力なバックアップを要請。会頭副会頭にもトップとしての行動をお願いする。先ずは、目と鼻の先の韓国釜山商工会議所との姉妹商工会関係を結ぶ。同時に、中国上海や台湾、タイなどアジア各地との関係も、具体的にみんなで出掛けていって、バイヤーなどを通じ、直接の仲介を商工会議所が請け合うことを取り決める。

正に会頭の河部浩幸が言う「そこまでやるか」の精神が、こうしたスタッフたちの意気込みを呼び起こしている。

これまた、筆者を洗脳するため、熱心に説明してくれた課長代理田中大輔の「このくらい遣っているところは、他にはなかでしょ。しかも、単に福岡だけの醤油・味噌・調味料・明太子やお菓子といったものだけでなく、九州各県の食材、それにお酒や焼酎をどんどん紹介しているのが、特徴ですたい」と述べる。むしろ、商工会議所の「ロゴマーク」を、他の各県のものまで並べて、パンフレットやインターネットの通信欄に書き込めるのが、仕事のやり甲斐というものだとも述べていた。多分これまたすでに「日本一」ということではないだろうか。

⑤ 会議所が一元化して進める九州観光

北海道と違って九州には、七つの県（沖縄を入れると八つ）があり、それぞれに首長が居て競争し合ってきた。それを、北海道のように一つにする必要がある。そこで九州は、すでに十年も前に「九州観光推進機構」という中立の九州全体を統括する民間組織を九州の経済界と地方自治体のトップで創った。もちろん、商工会議所や九州経済連合会が密接にバックアップしたものである。それが、現在徐々に力を発揮し初めている。

商工会議所は、その力を活用して今具体的に、海外の観光客に九州観光を売り込むための緻密な戦略を練り、先ほどのファッションや食材の呼びかけと正にリンクして、相手の中国や韓国などに職員が乗り込み、事業の展開をバックアップする体制を創り上げた。

同時に重要なものに、観光人材の養成がある。その取り組みの一つに「九州観光マスター検定制度」が挙げられる。筆者の洗脳グループの一人、会員サービス本部の課長代理土斐崎美幸の説明によると、「九州観光に求められるヒト・シゴト」について、毎年二回会議所が検定試験を行い、海外からみえる観光客に十分なおもてなしはもちろん、観光マーケティングなど実践的に役立つ知識を身に付け、九州の観光振興を担う人材を生み出しているという。すでに、数百人が卒業していき、現場で活躍している。

中国クルーズ船の博多港寄港を新人芸妓と歓迎

最近では、大学の観光科の教材にも使用され始め、職員が講師として招かれる状況である。こうしたことも、正に福岡商工会議所が、ナンバーワンと、土斐崎美幸が熱心に述べた。

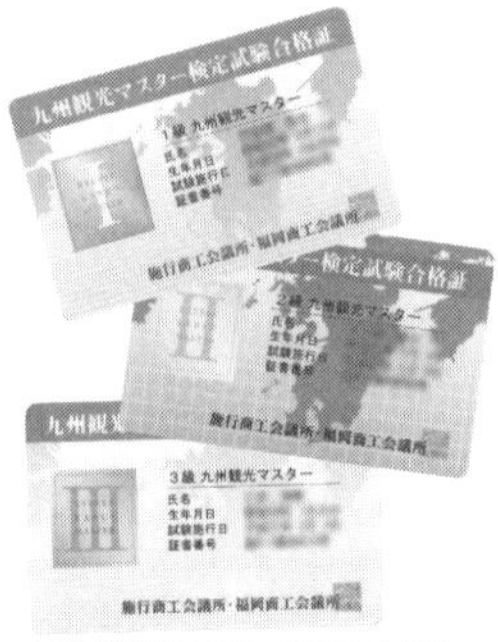

九州観光マスター検定の合格証

⑥ 会議所が主体となる女性活用運動

専務の橋本洸の説明によると、もう一つこれからの時代に絶対に必要な事業をわれわれは行っており、「これも間違い無く、日本一」というのである。それが、女性の活用を本格的に行うべしとして設立した「福岡商工会議所女性会」である。

会長は、博多音羽鮨代表取締役社長の山本千鶴子、現在会員数八十九名であり、元々は昭和四十四年（一九六九）に「婦人会」として設立されたものであるが、企業訪問、工場見学、商業施設視察などを通じた会員相互の交流はもちろん、さらに女性経営者の質的向上を目指し、同時に商工業の振興発展に役立つ講演会の開催や、もちろん会議所への「少子化対策」などの意見具申も行ってきた。

このため、全国商工会議所女性連合会の「女性起業家大賞」で最優秀賞にあたる日本商工会議所会頭賞をメンバーが受賞している。本年三月四十周年のお祝い会があったが、益々活躍が期待される。

女性会会議

第六話

商工会議所の「真水」の活かし方が日本を救う

新たな「かたち」を創る河部浩幸（一）

昔から時代の変わり目には、必ず世の中を引っ張ってくれるすごいリーダーが現れる。その器量の深さとスケールの大きさ、それが時代の風に乗れば人民を一層幸せに導くことが出来る。こうしたことの頂点にあるのは、何と言っても政治家であり政治の在り方だと思う。

ところが、今日の状況はどうか。大きく、日本を取り巻く世界の情勢が変化しているにもかかわらず、余りにもわが国の政治は旧来型の私服に拘っているためか、世論という名のマスコミからの批判防御型に陥り、本当の国家の将来を見据えた大局観を持つ者が出て来られない状況のようだ。別の言葉で言えば、正に大物が居無くなったということだろう。

さすれば、グローバルなＩＴイノベーションと市場経済の時代のリーダーは、経済界、産業界に求めるしかない。しかも、これからはわが国が中央政権的なスタイルでなく、地域地方が主体的に動かざるを得ないとすれば、この傾向はなおさら重要である。

こうした状況下において、福岡商工会議所の会頭で、かつ九州商工会議所連合会の会長でもある河部浩幸は、正直言ってこの時代が生みそして育てたスケールも大きくかつ器量も深い、打って付けのリーダーであると思う。もちろん、財界という名が冠せられる九州経済連合会の会長松尾新吾も、そういう意味では時代が選んだ寵児である。

松尾と河部は、何かとウマが合うようだ。そして、新たな「かたち」を創り、何としても九州を甦らせたいという意欲に燃え、それがそのまま行動に現れているから素晴らしい。幾つか例を挙げてみよう。

福岡だけでなく九州の商工会議所へ（二）

先ずは、「商工会議所は、福岡だけが良くなっても意味が無い。九州全体のことを常に考え行動する。そういう、姿勢と気風がなくてはならない」という、河部の発想である。これは、松尾の九州経済連合会についても同じだ。昨年会長に就任した松尾が、ざっくばらんに会員の意見を聞いてみた。すると「九経連は福岡の団体であり、熊本や宮崎などとは関係ない」と言われたという。だから、早く九州の経済団体という意識で、真剣にその役割を考え行動する必要が在ると、松尾は言っている。

同じ発想に立つ河部は、今までと違って時間の多くを、九州商工会議所連合会や商工会議所の行事や活動に割くようにしている。またそのためには、日本全体の動きや活動にも参加し力を注ぐ必要が在る。彼は、敢えて中央の日本商工会議所の副会頭にも要請され就任したが、そうした折の会合などには福岡だけでなく、九州各県の商工会議所の代表たちを必ず起用して一緒に行動することにした。この気配り目配りが、真のリーダーの素質に繋がる。

（三）

寝ても覚めても河部の頭に去来するもの
――中小企業のため「真水」の利用を真剣に追求

九電工会長の河部浩幸は、彼がかつて社長になった時と変わらず、今でも本社に七時前に出勤し部下が作った新聞情報やネット情報などに忙しく目を通し、必要な指示などをして、商工会議所に向かう。すると、その時から瞬間的に彼の頭が「中小企業に取って何が重要か」の一点に切り替わる。特にリーマンショック以来、河部の脳裏に去来するのは寝ても起きても、このことに集中してきた。

「四百二十万社とも言われる、日本の会社の九九・七％は中小企業ですたい。その中小企業が、日本を支えている。それを如何に勇気付け大事に育てて行くか。私の仕事は今、これ一点に集中しとるとです」と、正直に吐露した。正に、天命だと考え会頭職をこなしている。彼は、九九・七％のさらに零細な事業主の「匠の技」を、何としても守るべしと言うのである。河部が会員獲得に積極的なのも、実を言えばこの匠の技を支えるためである。

新年祝賀会で、「輝く年となるよう願う」と挨拶

多くの参加者で賑わう「新年祝賀会」

「政権変動が在って、少しやり方が変わったが、この伝統の技こそが日本の社会と産業の支えという信念を、政治にもぶっつけている」ので、十分理解してくれるようになったという。新しい時代に彼らが取り残されないように、一つ一つ丁寧に補助や研修費や保証を付けてやるように、「毎日毎日が関係方面との戦ばしとります」と述べた。

（四）

百三十年の伝統を何百年先まで

昨年十月、河部会頭の下で、福岡商工会議所は百三十周年の記念式典を行ったが、九州に現在七十九在る商工会議所も、長く各地域に根ざした活動をしている。筆者は、商工会議所はもちろん傘下の多くの企業も、これからさらに何百年と是非続けて貰いたいと願っている。時代と企業を取り巻く環境は変わっても、社会的価値が在ると考え創業した以上、永続する会社でなければ志が間違っていたということになるからだ。欧米の企業理念とは、日本の場合違ってもおかしくない。

その証拠を述べてみよう。元々組織社会の日本の国だからということだろうが、わが国の企業は世界でも不思議なくらい長寿である。人間の寿命も、日本は世界で一番長寿の国であるが、会社もギネスブックに載っているように、世界一の伝統を誇るのは日本の会社だと専門の書籍に出ていた（久保田章市著『百年企業、生き残るヒント』角川SSC新書）。

それによると、世界で最長寿命企業は、大阪に本社が在る「金剛組」という会社だそうだ。千四百三十年前の西暦五七八年、飛鳥時代に朝鮮半島の百済から来た「工匠」が、四天王像などを造るために興した会社だそうで、現在も寺院建築などを手掛ける立派な企業だと書いて在った。またホテルも世界最古は、石川県粟津温泉に在る「法師」という温泉旅館。現在もおもてなしの宿として人気があるという。

創立130周年記念式典において、永続会員企業の表彰者との記念写真

またこの本によると、日本には創業以来千年以上続く会社が十九社、五百年以上が百二十四社、二百年以上が三千百十三社も在ると書いてあった。百周年から昨年の百三十周年までの福岡商工会議所周年行事の折、創業百年以上の永続企業として表彰された会社は百十八社、最長は一五〇一年創業の株式会社平助筆復古堂だった。

一方欧米の企業は、日本ほど古くない。最長が七百十五年続くベネチュアグラスのバロビエ・トーゾ社、二番目が六百四十年続くイタリア金細工のトリーニ・フィレンツエ社である。

（五）

永続の条件は何か

この本には会社が何故続いているかの条件が述べてあった。序に紹介しておこう。多分著者は、丹念に永続企業の社訓や経営方針等を整理したのであろう。

第一が、『顧客第一主義』である。今では、大概の会社が「お客様の為に」「お客様の目線で」ということを、経営方針の筆頭に取り入れている。それを千年も前から社訓にしていたとは流石である。

第二が、『本業重視』ということだ。結局会社は世の中に役立つという目的と目標を掲げて創業する。或る商品、或る製品を創ることを目指して出発した以上、その本業をしっかりと追求していく姿勢、そのサービス精神を世間はじっと見ている。堅実着実な事業運営ということが信用信頼に繋がり、会社は初めて永続出来る。

第三に、『品質本位』ということを掲げてあった。何百年と続く事業は、確かに一つの技術、一点の味というような他人が真似出来無い品質を追い続けている。そのための、技術や製法の維持伝承に心を砕いている。そうでなければ、何百年と持たない。

第四に『従業員重視』。第五に『企業理念の維持』ということが、掲げてあった。当然のことだろう。幾ら創業者が優秀でも、それを支える者が居なくては成り立たないし、創業の理念を忘れてはやっていけない。

そして、この五つは、共に会頭河部浩幸が追求する商工会議所の理念に、しっかりと通じるところが在る。

（六）

お客様第一主義の河部浩幸

先ほど、長寿会社の条件について触れたが、福岡商工会議所の会頭河部浩幸のモットーも正に、その通り「お客様すなわち会員第一」に徹し、その活動と繁栄に尽くすことであると、常にトップの会頭副会頭会議でも語っている。会員の幸せが在って初めて、会議所の存在意義がある。これは、当たり前のような主張であるが、ややともするとやっていることが、会員に逆に負担を掛けただけに終わるようなことになりかねない。

お客である会員の目は鋭いが、河部はその半歩先をさらに読むことを忘れないように、毎日真剣に情報を収集し、それを分析することに身を砕いているようだ。ITデジタルの時代だが、河部はそのイノベーションが常に起こっていることを見逃さない。例えば二、三年前では、会員のためのパソコン研修は、商工会議所が先導する業務だったとしよう。ところが、今やマスコミなども含めあらゆる分野で行うようになった。会議所が敢えて遣らなくてもよいと、見切りを付けることも必要だと言う。こういう事例は、どんどん増えて来る。

変えてはならないお客様第一主義と、変えねば成らない変化する仕事への対応を見抜けと河部は事務局にも問題提起をする。

（七）

バッジはシンボルという河部会頭

今でも長寿企業の社員の多くが、背広などに会社のバッジを付けている。河部に面談すると、彼の胸には間違い無く商工会議所のバッジが輝いている。「バッジは、シンボルですよ。しかも信用して貰っている証拠でもあります」と彼は言い切る。その通りだと、筆者も思う。

昔を思い出したが、小学校一年生の入学式に新規に誂えて貰った制服と帽子、それにランドセルをしょって母親に手を引かれ、佐賀市内の勧興小学校の校門を潜った日のことが、今でも瞼の奥に焼き付いている。その時襟には、一年一組の金色のバッジが在った。祖母が朝方家を出る時、「ぼくちゃんも、立派になった。バッジが光っているよ」という、もう七十年以上前の言葉が聞こえてくる。戦後の混乱期には、余りバッジなどは重要視しない風潮が続いたが、矢張り企業や組織に取ってのシンボルは必要だ。そして、今逆に必要になってきていると思う。

現在一万六千人以上の福岡商工会議所の会員が、ロータリークラブのバッジに同様に、商工会議所のバッジを信頼を寄せてくれるようになることを、河部は真剣に願っている。

岡村正・日本商工会議所会頭来福時の合同記者会見

（八）

日本商工会議所の副会頭河部浩幸

河部は、すでに三年前福岡の会頭になって間もなく、日本商工会議所の岡村正会頭から懇願されて、その副会頭に就任した。福岡で活躍する河部の卓越した行動力と知力が、岡村の耳に入らない筈がない。

数え切れないほどの肩書きを持つ河部だが、引き受けたからには疎かにしないのが彼の信条でもある。よって、必ず毎月一回の日本商工会議所のトップ会合やその他の委員会にも必ず、あの忙しい日程を調整して出席する。筆者の知る限り、九州経済連合会の会長松尾新吾も、河部に劣らず義理堅くしっかり引き受けたものをこなしていくタイプである。先日来のハウステンボスの再建に当たっても、しっかり役割を果たした。

会員事業所の福利厚生を支援
300名が参加したハウステンボスバスツアー

一方同じく河部浩幸も、義理に出席するだけではない。彼は、もちろん前々から勉強して、必ず議案に対してしっかりした意見を述べ、岡村会頭以下並み居る面々を唸らせることもしばしばである。中には、河部が出席して実に有効な発言をするのを、楽しみにしている者も居ると聞いている。

その河部が最も心配しているのが、わが国の政治の行方である。地方の時代と称しながら、ちっとも地方地域の雇用や事業が沸いてこない政治を、何とか活性化出来無いか、岡村会頭と共にその道筋をきめ細かく追い求める日々が続いている。

筆者も河部と、思いは同じである。昨年から松尾や河部などにもお願いして、福岡大学での産学協力の寄付研究を始めた。「九州が甦る道」を探る研究を纏め、それを公開で報告して、シンポジウムを開催した。今年は、昨年纏めた雇用と資源とアジアとの結び付きについて、さらに突っ込んだ研究を行い九月にそれを実行する。松尾新吾や熊本県知事の蒲島郁夫、それにNHKの経営委員長を務めた富士フイルムホールディングス社長の古森重隆やベストセラー作家の昭和女子大学学長坂東眞理子、それにトヨタ自動車九州の会長、渡辺顯好などに参加して貰うことにしたが、会頭の河部浩幸には是非開会の挨拶をお願いし、ハッパを掛けて貰うつもりだ。河部は、福岡大学の副理事長でもある。

（九）
伝統文化・芸能を大切にする会頭と五人衆

もう一つが、最後に河部五人衆を補佐する素晴らしい家老たちが、会頭と共にいずれ劣らぬ九州そして博多という地元をこよなく愛し、育てる気風に乗っているということである。

一昨年の暮れだったが、河部は伝統の絹で仕立てた「博多織」のスーツを全員で誂え、伝統文化を宣伝する快挙を成し遂げた。

それに感激した副会頭の野田は、どんたくを一層有名にするため、全国に祭りへの参加を呼びかけ、自らもファビルスグループの踊りを結集して実力を発揮した。この人の成功物語は、ニュービジネスのモデルにする価値が在る。同じく副会頭で西日本シティ銀行会長の本田は、正に福岡を愛しかつ市民の目線で金融業務に携わって来た誠実一路の経験を、今度は福岡の文化芸能の中に活かしたいと張り切っている。

さらに三人目のコカ・コーラウエスト会長の末吉は、今や九州だけでなく西日本全体を一つの商圏として、アメリカの会社を如何に上手に活用していくかを考えながら、同時にアジアとのファッション交流に一層意欲を燃やしている。それが、わが国の未来に示す手本だと言うことだろう。続いて同じく副会頭で山口油屋福太郎の樋口は、博多という国際都市に事業を展開するにはピッタリの、行動力溢れる男

バックパネルを背に、会頭、副会頭勢揃い

であり、一層の活躍を期待したい人物で、あらゆる文化活動に積極的に飛び込んでいる。最後の副会頭、正興電機製作所の知性溢れる土屋直知は、地場製造事業として創業以来九十年近い自主自立の伝統を、国際化時代に如何に発展させていくかの使命感に燃えながら、会頭河部と共に商工会議所のこれからの発展を支える貴重な存在である。

　こうしたトップリーダーグループに負けず劣らず数々の逸材が、どんどん生まれ出る豊かな、かつ柔軟な素地を持った九州の商工会議所である。その代表として、河部浩幸会頭の福岡を取り上げさせて貰った。全国の商工会議所の刺激になり、あるいは少しでも参考になれば幸いである。

　かなり長くなったが、商工会議所というものが、わが国の地域社会を支える組織として、重要な機能を果たしていることが、多少は読者の方々にご理解頂いたのではないかと思っている。

あとがき

昨年の多分六月頃だったが、この本の基になる随筆「著名的無名人を訪ねて」を書き始めたとき、まさかそれが元で、こうした本になるとは全く想像していなかった。

原因は、言うまでもなく河部浩幸という惚れ惚れとする人物に惹かれたこと、それに、もう一つは現在の世の中は、彼が必死に今追い求めている商工会議所の活動が、どうしても必要だし、むしろこれから中心になっていくとの予感がしたことである。後者は、筆者の経済発展の歴史を追求するという研究活動の原点に還って、多少この会議所なるものの成り立ちを調べた結果でもある。こうして、いつの間にか二十回の随筆になった。

すると、財界研究所の村田博文社長から、いっそ纏めてみてはどうかとのアドバイスがあった。その話を河部会頭に伝えると、間もなく「世の中に役立っている商工会議所の姿を是非書いてくれないか」という返事が来た。

確かにこれからは、日本の新たな歴史が始まるが、その中で特別民間法人である日本の商工会議所が改めて活躍する時代であると考え、河部会頭に応えたいと思った。もちろんそのことは、筆者を限りなく支援してくれている、九経連のトップである松尾新吾九州電力株式会社会長にもお話しをして、快く了解を得た。その松尾新吾氏と河部浩幸氏は、無類の仲良しである。商工会議所と経済連合会が、石原進氏の同友会や長尾亜夫氏の経営者協会とも相協力して、これからの一層困難化すると思われる世の中を切り拓いて貰いたいものだと考える。それは、車の四輪のようなものだと思っている。今やハイブリッドの時代であり、その中心の動きが商工会議所の活動によって車が上手に駆動するようにも考えられる。

そうしたことのご参考に、本書が少しでもお役に立てば、何よりと思う。なお、本文中にご登場頂いた方々の敬称は、全て略したことをお許し頂きたい。

本書の出版に当たって、河部会頭をはじめ会議所の多くの関係者にご協力を頂いたことに、衷心よりお礼を申し上げる。財界研究所の村田博文社長以下関係者の方々、原稿整理などに大変ご協力を頂いた大浦秀和記者と筆者事務所の廣田順子さんに感謝を申し上げたい。

二〇一〇年六月吉日

永野芳宣

全国商工会議所名簿

会議所名	住所	会頭名	所属組織および役職	会員数
指宿	〒891-0401　鹿児島県指宿市大牟礼1-15-13	今林　重夫	㈱今林会計代表取締役	966名
いちき串木野	〒896-0015　鹿児島県いちき串木野市旭町178	濱田　雄一郎	濱田酒造㈱代表取締役社長	592名
霧島	〒899-4332　鹿児島県霧島市国分中央3丁目12-41	西　勇一	西自動車㈱代表取締役	1247名
那覇	〒900-0033　沖縄県那覇市久米2-2-10	國場　幸一	㈱國場組代表取締役社長	4770名
沖縄	〒904-0004　沖縄県沖縄市中央4-15-20	新垣　直彦	中部興産㈱代表取締役社長	1919名
宮古島	〒906-0006　沖縄県宮古島市平良字西仲宗根3-1	中尾　英祚	㈱とみや商会代表取締役社長	1316名
浦添	〒901-2567　沖縄県浦添市勢理客4-13-1	仲村　文弘	オリオンビール㈱代表取締役社長	1896名

全国商工会議所名簿

会議所名	住所	会頭名	所属組織および役職	会員数
武雄	〒843-0024　佐賀県武雄市武雄町大字富岡7719	馬渡　洋三	㈱馬渡商会代表取締役	886名
鹿島	〒849-1311　佐賀県鹿島市大字高津原4296-41	愛野　克明	祐徳自動車㈱代表取締役会長	901名
長崎	〒850-8541　長崎県長崎市桜町4-1	松藤　悟	松藤商事㈱代表取締役社長	5289名
佐世保	〒857-8577　長崎県佐世保市湊町6-10	前田　一彦	国際運輸㈱代表取締役会長	3227名
島原	〒855-8550　長崎県島原市高島2-7217	久部　貞男	プラスナイロン㈱代表取締役社長	1165名
諫早	〒854-0016　長崎県諫早市高城町5-10	髙尾　茂	丸髙商事㈱代表取締役社長	2051名
大村	〒856-0826　長崎県大村市東三城町6-1	角谷　省一	九州電通㈱代表取締役社長	1201名
福江	〒853-0005　長崎県五島市末広町8-4	才津　為夫	㈱才津組代表取締役会長	781名
北松	〒859-6143　長崎県佐世保市鹿町町深江潟86-7	前田　哲裕	㈱西肥自動車学校代表取締役	387名
平戸	〒859-5104　長崎県平戸市崎方町776-6	松岡　武	㈱松岡石油店代表取締役会長	765名
松浦	〒859-4501　長崎県松浦市志佐町浦免1807	髙橋　博之	下條建設㈱代表取締役社長	567名
熊本	〒860-8547　熊本県熊本市横紺屋町10	中尾　保德	㈱鶴屋百貨店代表取締役会長	6911名
八代	〒866-0862　熊本県八代市松江城町6-6	吉永　富二夫	吉永商事㈱代表取締役	2328名
荒尾	〒864-0054　熊本県荒尾市大正町1-4-5	那須　良介	㈱中央環境管理センター代表取締役	1041名
人吉	〒868-0037　熊本県人吉市南泉田町3-3	堤　正博	繊月酒造㈱代表取締役社長	1327名
水俣	〒867-0042　熊本県水俣市大園町1-11-5	坂口　俊一	㈱坂口組代表取締役	968名
本渡	〒863-0022　熊本県天草市栄町1-25	錦戸　保介	三和コンクリート工業㈱代表取締役	1234名
玉名	〒865-0025　熊本県玉名市高瀬290-1	荒木　信義	㈲かずや代表取締役社長	1126名
山鹿	〒861-0501　熊本県山鹿市山鹿1613	高口　功二郎	㈱高喜工業取締役	904名
牛深	〒863-1901　熊本県天草市牛深町215-1	益田　政昭	(資)いわしや無限責任社員	624名
別府	〒874-0920　大分県別府市北浜2-9-1	千壽　健夫	別府地獄組合　組合長	2458名
大分	〒870-0023　大分県大分市長浜町3-15-19	姫野　清高	㈱桃太郎海苔代表取締役社長	7755名
中津	〒871-0055　大分県中津市殿町1383-1	愛宕　久和	愛宕自動車工業㈱代表取締役社長	2046名
日田	〒877-8686　大分県日田市三本松2-2-16	小埜　澄夫	㈱朝日木工代表取締役	2186名
佐伯	〒876-0844　大分県佐伯市向島1-10-1	谷川　憲一	谷川建設工業㈱代表取締役	1495名
臼杵	〒875-0041　大分県臼杵市洲崎72-126	小手川　茂生	東九州石油㈱代表取締役会長	1152名
津久見	〒879-2441　大分県津久見市中央町29-4	戸髙　有基	㈱戸髙鉱業社会長	694名
豊後高田	〒879-0628　大分県豊後高田市新町986番地2	小畑　末吉	㈱日興製作所代表取締役	563名
竹田	〒878-0013　大分県竹田市大字竹田1920-1	後藤　万壽郎	伊達屋㈱代表取締役	622名
宇佐	〒879-0456　大分県宇佐市大字辛島198-2	熊埜御堂　宏實	三和酒類㈱代表取締役会長	1083名
都城	〒885-8611　宮崎県都城市姫城町4街区1号	岡崎　誠	㈱岡崎鶏卵グループ代表取締役	1994名
宮崎	〒880-0805　宮崎県宮崎市橘通東1-8-11			4262名
延岡	〒882-0824　宮崎県延岡市中央通3-5-1	清本　英男	清本鉄工㈱代表取締役社長	1682名
日向	〒883-0044　宮崎県日向市上町3-15	日高　基秀	小松産業㈱代表取締役社長	1535名
高鍋	〒884-0002　宮崎県児湯郡高鍋町大字北高鍋5138	黒木　敏之	㈱黒木本店代表取締役	722名
日南	〒887-0012　宮崎県日南市園田2-1-1	清水　満雄	㈱三和ハウス代表取締役	1217名
小林	〒886-8502　宮崎県小林市大字細野1899-3	坂本　新平	坂口建設㈱会長	1052名
串間	〒888-8691　宮崎県串間市大字西方5657	井手　徳幸	井手産商㈱代表取締役会長	666名
西都	〒881-0033　宮崎県西都市大字妻1538-1	仁科　俊一郎	(名)仁科産業代表社員	898名
鹿児島	〒892-8588　鹿児島県鹿児島市東千石町1-38	諏訪　秀治	鹿児島トヨタ自動車㈱代表取締役社長	6681名
川内	〒895-0052　鹿児島県薩摩川内市神田町3-25	田中　憲夫	㈱川北電工代表取締役	1480名
鹿屋	〒893-0015　鹿児島県鹿屋市新川町600番地	坪水　徳郎	坪水醸造㈱代表取締役	1860名
枕崎	〒898-8691　鹿児島県枕崎市中央町1	神園　幸人	㈱いとや代表取締役	741名
阿久根	〒899-1624　鹿児島県阿久根市大丸町16	西　勘三郎	阿久根ガス㈱代表取締役	818名
奄美大島	〒894-0034　鹿児島県奄美市名瀬入舟町12-6	浜崎　幸生	浜崎税理士事務所代表者	1047名
南さつま	〒897-0006　鹿児島県南さつま市加世田本町23-7	上東　信義	㈱上東建設代表取締役社長	624名
出水	〒899-0205　鹿児島県出水市本町7-16	笠原　啓稔	㈱共和ガス燃料代表取締役	941名

全国商工会議所名簿

会議所名	住所	会頭名	所属組織および役職	会員数
高松	〒760-8515　香川県高松市番町2-2-2	綾田　修作	㈱百十四銀行相談役	5903名
丸亀	〒763-0034　香川県丸亀市大手町1-5-3	橘　節哉	中央開発㈱代表取締役	1836名
坂出	〒762-8508　香川県坂出市京町3-3-8	榊　久雪	㈱味匠代表取締役)	1670名
観音寺	〒768-0067　香川県観音寺市坂本町1-1-25	島　一	㈱志満秀代表取締役会長	1356名
多度津	〒764-8508　香川県仲多度郡多度津町東浜6-30	神原　正	㈱神原商事代表取締役	593名
善通寺	〒765-0013　香川県善通寺市文京町3-3-3	村上　幸生	三和工業㈱代表取締役社長	922名
松山	〒790-0067　愛媛県松山市大手町2-5-7	麻生　俊介	㈱伊予銀行取締役会長	6448名
宇和島	〒798-0060　愛媛県宇和島市丸之内1-3-24	新津　昌雄	㈱シンツ代表取締役社長	2098名
今治	〒794-0042　愛媛県今治市旭町2-3-20	村上　景一	四国溶材㈱代表取締役社長	3338名
八幡浜	〒796-0048　愛媛県八幡浜市北浜1-3-25	菊池　公孝	丸三産業㈱代表取締役	1473名
新居浜	〒792-0025　愛媛県新居浜市一宮町2-4-8	青野　正	青野海運㈱代表取締役社長	3170名
四国中央	〒799-0111　愛媛県四国中央市金生町下分865番地	井川　俊髙	大王製紙㈱代表取締役顧問	2429名
西条	〒793-0027　愛媛県西条市朔日市779-8	伊藤　剛吉	㈱大屋代表取締役社長	2587名
伊予	〒799-3111　愛媛県伊予市下吾川1512-6	岡部　悦雄	㈱オカベ代表取締役会長	897名
大洲	〒795-0012　愛媛県大洲市大洲694-1	井関　和彦	㈱伊予木材代表取締役社長	1115名
高知	〒780-0870　高知県高知市本町1-6-24	西山　昌男	高知トヨタ自動車㈱代表取締役会長	4962名
中村	〒787-0029　高知県四万十市中村小姓町46	福田　充	㈱福田工務店代表取締役	1145名
安芸	〒784-0004　高知県安芸市本町3-11-5	石建　国元	㈱石建組代表取締役社長	520名
須崎	〒785-0012　高知県須崎市西糺町4-18	田部　博史	㈱田部代表取締役	833名
宿毛	〒788-0001　高知県宿毛市中央2-2-18	田村　章	㈱田村商事代表取締役	630名
土佐清水	〒787-0323　高知県土佐清水市寿町11-16	廣田　勝	㈱高知県観光開発公社代表取締役	604名
九州				
福岡	〒812-8505　福岡県福岡市博多区博多駅前2-9-28	河部　浩幸	㈱九電工代表取締役会長	17698名
久留米	〒830-0022　福岡県久留米市城南町15-5	本村　康人	㈱本村商店代表取締役社長	4823名
北九州	〒802-8522　福岡県北九州市小倉北区紺屋町13-1	重渕　雅敏	TOTO㈱相談役	10372名
大牟田	〒836-0842　福岡県大牟田市有明町1-1-22	板床　定男	祐徳近海汽船㈱代表取締役	2888名
飯塚	〒820-8507　福岡県飯塚市吉原町6-12	麻生　泰	㈱麻生社長	2007名
直方	〒822-0017　福岡県直方市殿町7-50	内藤　博俊	㈱内藤鍛造所代表取締役	1534名
八女	〒834-0063　福岡県八女市本村425-22-2	中村　貴	㈱中村製紙所代表取締役社長	1382名
田川	〒826-0025　福岡県田川市大黒町3-11	佐渡　文夫	㈱石橋組取締役	1324名
柳川	〒832-0045　福岡県柳川市本町117-2	立花　寛茂	㈱御花代表取締役会長	1238名
豊前	〒828-0021　福岡県豊前市大字八屋2013-2	秋吉　直人	介護老人保健施設ほうらい山荘副施設長	770名
行橋	〒824-0005　福岡県行橋市中央1-9-50	宮西　健司	宮西設備㈱代表取締役会長	1314名
苅田	〒800-0352　福岡県京都郡苅田町富久町1-22-14	三原　晴正	三原建設㈱代表取締役社長	596名
大川	〒831-0016　福岡県大川市大字酒見221-6	近藤　敏郎	㈱近藤材木店代表取締役社長	1809名
豊前川崎	〒827-0003　福岡県田川郡川崎町大字川崎351-10	林　竹市	㈲林開発会長	466名
嘉麻	〒821-0012　福岡県嘉麻市上山田502-3	松岡　光昭	嘉穂タクシー㈱代表取締役	319名
筑後	〒833-0041　福岡県筑後市大字和泉118-1	玉木　康裕	タマホーム㈱代表取締役社長	1329名
宮若	〒823-0011　福岡県宮若市宮田3673-3	尾藤　紀之	㈲宮田ショッピングサービス代表取締役社長	528名
朝倉	〒838-0068　福岡県朝倉市甘木955-11	阿部　幸彦	㈱阿部興産代表取締役	1082名
中間	〒809-0036　福岡県中間市長津1丁目7番1号	柳　潤一	㈲公益社代表取締役社長	691名
佐賀	〒840-0831　佐賀県佐賀市松原1-2-35	指山　弘養	㈱佐賀銀行取締役会長	2844名
唐津	〒847-0012　佐賀県唐津市大名小路1-54	太田　善久	㈱萬坊代表取締役	1261名
伊万里	〒848-8691　佐賀県伊万里市新天町663	中山　武重	伊万里信用金庫理事長	1533名
鳥栖	〒841-0051　佐賀県鳥栖市元町1380-5	大島　英二	㈱大島組取締役会長	1332名
有田	〒844-0004　佐賀県西松浦郡有田町大樽1-4-1	山口　隆敏	㈱ヤマトク代表取締役会長	839名
小城	〒845-0004　佐賀県小城市小城町松尾4032-5	古賀　富夫	㈱古賀木材センター代表取締役会長	652名

全国商工会議所名簿

会議所名	住所	会頭名	所属組織および役職	会員数
江津	〒695-0016　島根県江津市嘉久志町2306-4	永井　良三	永井建設㈱社長	852名
岡山	〒700-8556　岡山県岡山市北区厚生町3-1-15	岡﨑　彬	岡山瓦斯㈱取締役社長	7381名
倉敷	〒710-8585　岡山県倉敷市白楽町249-5	大原　謙一郎	(財)大原美術館理事長	4590名
津山	〒708-8516　岡山県津山市山下30-9	浮田　佐平	浮田建設㈱代表取締役	2533名
玉島	〒713-8122　岡山県倉敷市玉島中央町2-3-12	吉川　一之	赤澤屋㈱代表取締役会長	1213名
玉野	〒706-8533　岡山県玉野市築港1-1-3	三宅　照正	三国工業㈱代表取締役社長	967名
児島	〒711-0921　岡山県倉敷市児島駅前1-100ナイカイ第一ビル8F	高田　幸雄	高田織物㈱取締役社長	1482名
笠岡	〒714-0098　岡山県笠岡市十一番町3番-3	関藤　篤志	井笠鉄道㈱取締役社長	1132名
井原	〒715-8691　岡山県井原市七日市町13	瀧本　博	瀧本酒造㈲代表取締役社長	970名
備前	〒705-8558　岡山県備前市東片上230	吉延　四郎	吉延石油㈱代表取締役会長	871名
高梁	〒716-0033　岡山県高梁市南町16-2	仲田　泰彦	備中開発㈱代表取締役	718名
総社	〒719-1131　岡山県総社市中央6-9-108	清水　男	㈱三松代表取締役	957名
新見	〒718-0003　岡山県新見市高尾2475-7	新中　淑弘	新中石灰工業㈱代表取締役	688名
広島	〒730-8510　広島県広島市中区基町5-44	大田　哲哉	広島電鉄㈱代表取締役社長	10566名
尾道	〒722-0035　広島県尾道市土堂2-10-3	石川　悟	チューギ㈱代表取締役会長	2506名
呉	〒737-0029　広島県呉市宝町1-10呉市交通局本庁舎4F	奥原　征一郎	寿工業㈱代表取締役社長	2707名
福山	〒720-0067　広島県福山市西町2-10-1	林　克士	鞆鉄道㈱代表取締役会長	5824名
三原	〒723-8555　広島県三原市皆実4-8-1	伏見　暁	山陽建設㈱代表取締役社長	2222名
府中	〒726-0003　広島県府中市元町445-1	松坂　敬太郎	ヒロボー㈱代表取締役社長	1852名
三次	〒728-0021　広島県三次市三次町1843-1	前川　裕佑	ミヨシ電子㈱Founder	1522名
庄原	〒727-0011　広島県庄原市東本町1-2-22	玉川　忠義	㈱玉川工務店　代表取締役	700名
大竹	〒739-0612　広島県大竹市油見3-18-11	谷岡　肇	㈱三洋技建会長	719名
竹原	〒725-0026　広島県竹原市中央5-6-28	山本　靜司	創建ホーム㈱代表取締役	1152名
因島	〒722-2323　広島県尾道市因島土生町1809-20	村上　祐司	因の島ガス㈱　代表取締役	1128名
東広島	〒739-0025　広島県東広島市西条中央7-23-35	岡田　章	広島中央酒販㈱代表取締役会長)	2189名
廿日市	〒738-0015　広島県廿日市市本町5-1	細川　匡	デリカウイング㈱代表取締役	1380名
下関	〒750-8513　山口県下関市南部町21-19	林　孝介	サンデン交通㈱代表取締役社長	4005名
宇部	〒755-8558　山口県宇部市松山町1-16-18	光井　一彦	宇部マテリアルズ㈱取締役相談役	3027名
山口	〒753-0086　山口県山口市中市町1-10	中野　勉	㈱中野会計事務所代表取締役	3209名
防府	〒747-0037　山口県防府市八王子2-8-9	大村　俊雄	大村印刷㈱代表取締役社長	2062名
徳山	〒745-0037　山口県周南市栄町2-15	藤井　英雄	徳山海陸運送㈱代表取締役社長	2389名
下松	〒744-0011　山口県下松市大字西豊井1350-10	弘中　伸寛	弘木工業㈱代表取締役社長	1298名
萩	〒758-0041　山口県萩市江向457-2	刀禰　勇	極東ガス燃料㈱代表取締役	1596名
岩国	〒740-8639　山口県岩国市今津町1-18-1	長野　壽	㈱長野総合建築事務所代表取締役	1912名
山陽	〒757-0001　山口県山陽小野田市大字鴨庄101-29	田中　剛男	朝陽観光開発㈱代表取締役社長	507名
長門	〒759-4101　山口県長門市東深川1321-1	藤田　光久	藤光食品工業㈱代表取締役社長	917名
光	〒743-0063　山口県光市島田4-14-15	藤井　勝	冨士高圧フレキシブルホース㈱代表取締役	999名
小野田	〒756-0824　山口県山陽小野田市中央2-3-1	西村　重基	長沢建設㈱代表取締役社長	1402名
柳井	〒742-8645　山口県柳井市中央2-15-1	藤麻　功	㈱フジマ代表取締役会長	1188名
新南陽	〒746-0017　山口県周南市宮の前2-6-13	山崎　英夫	東ソー物流㈱代表取締役社長	889名
四国				
徳島	〒770-8530　徳島県徳島市西新町2-5	近藤　宏章	総合ビル・メンテム㈱代表取締役	4722名
鳴門	〒772-0003　徳島県鳴門市撫養町南浜字東浜165-10	勘川　一三	㈱鳴門自動車教習所社長	1322名
小松島	〒773-0001　徳島県小松島市小松島町字新港36	宮城　覚	㈱阿波酸素取締役	986名
吉野川	〒776-0010　徳島県吉野川市鴨島町鴨島169-1	樫本　孝	阿波バラス㈱会長	473名
阿波池田	〒778-0002　徳島県三好市池田町マチ2191-1	真鍋　和三郎	天真醤油㈱代表取締役	559名
阿南	〒774-0030　徳島県阿南市富岡町今福寺34-4	平尾　勲雄	㈱日誠産業取締役会長	1063名

全国商工会議所名簿

会議所名	住所	会頭名	所属組織および役職	会員数
守口門真	〒571-0045　大阪府門真市殿島町6-4	髙橋　光壽	光亜興産㈱取締役社長	3203名
松原	〒580-0043　大阪府松原市阿保1-2-30	川西　修	幸南食糧㈱代表取締役社長	1753名
高石	〒592-0014　大阪府高石市綾園2-6-10	谷本　陽蔵	㈱つぼ市製茶本舗代表取締役会長	1174名
箕面	〒562-0003　大阪府箕面市西小路3-2-30	光井　良治	東光商事㈱代表取締役社長	1180名
和泉	〒594-0071　大阪府和泉市府中町4-20-2	岸脇　淳介	㈱国華園代表取締役	1900名
大東	〒574-0076　大阪府大東市曙町3-26	伊泊　鉄夫	医療法人仁泉会会長	2128名
神戸	〒650-8543　兵庫県神戸市中央区港島中町6-1	水越　浩士	㈱神戸製鋼所相談役	14201名
姫路	〒670-8505　兵庫県姫路市下寺町43	尾上　壽男	グローリー㈱代表取締役会長	8703名
尼崎	〒660-0881　兵庫県尼崎市昭和通3-96	吉田　修	音羽電機工業㈱代表取締役社長	5976名
明石	〒673-8550　兵庫県明石市大明石町1-2-1	柴田　達三	シバタ工業㈱代表取締役会長	2016名
西宮	〒662-0854　兵庫県西宮市櫨塚町2-20	辰馬　章夫	辰馬本家酒造㈱代表取締役会長	3177名
伊丹	〒664-0895　兵庫県伊丹市宮ノ前2-2-2	松谷　英次郎	松谷化学工業㈱代表取締役会長	1907名
西脇	〒677-0015　兵庫県西脇市西脇990	藤井　良己	播州織工業組合顧問、播州織工業(協)顧問	1229名
相生	〒678-0031　兵庫県相生市旭3-1-23	小西　高男	西播通運㈱取締役会長	835名
赤穂	〒678-0239　兵庫県赤穂市加里屋68-9	小西　利夫	㈱小西工務店代表取締役	1231名
三木	〒673-0431　兵庫県三木市本町2-1-18	前田　君司	㈱前田精版印刷取締役社長	1662名
洲本	〒656-0025　兵庫県洲本市本町3-3-25	瀧川　好美	淡路信用金庫理事長	1283名
豊岡	〒668-0041　兵庫県豊岡市大磯町1-79	宮垣　和生	但馬信用金庫理事長	1858名
高砂	〒676-8558　兵庫県高砂市高砂町北本町1104	渡辺　健一	㈱ソネック代表取締役社長	1538名
龍野	〒679-4167　兵庫県たつの市龍野町富永702-1	淺井　昌信	ヒガシマル醤油㈱代表取締役	1406名
加古川	〒675-0064　兵庫県加古川市加古川町溝ノ口527-5	西川　隆雄	ニシカワ食品㈱代表取締役社長	2788名
小野	〒675-1395　兵庫県小野市王子町800-1	長谷川　英治郎	センコー㈱代表取締役会長)	1215名
加西	〒675-2302　兵庫県加西市北条町栗田11-15	丸本　優	ハリマ紙器印刷工業㈱代表取締役会長	1104名
宝塚	〒665-0845　兵庫県宝塚市栄町2-1-2	宮本　博司	㈱宮本工務設計事務所代表取締役社長	1512名
奈良	〒630-8586　奈良県奈良市登大路町36-2	西口　廣宗	㈱南都銀行取締役会長	3105名
大和高田	〒635-0095　奈良県大和高田市大中106-2	中井　隆男	大和ガス㈱代表取締役社長	1486名
生駒	〒630-0257　奈良県生駒市元町1-6-12	久保　昌城	竹茗堂左文代表者	1019名
橿原	〒634-0063　奈良県橿原市久米町652-2	森本　俊一	三和澱粉工業㈱代表取締役会長	1511名
和歌山	〒640-8567　和歌山県和歌山市西汀丁36	片山　博臣	㈱紀陽銀行取締役頭取	3744名
海南	〒642-0002　和歌山県海南市日方1294-18	角谷　勝司	㈱サンコー相談役	1179名
田辺	〒646-0033　和歌山県田辺市新屋敷町1	中田　肇	中田食品㈱代表取締役会長	1922名
新宮	〒647-0045　和歌山県新宮市井の沢3番8号	瀬古　伸廣	㈱山一本店代表取締役社長	1361名
御坊	〒644-0002　和歌山県御坊市薗350-28	吉田　擴	ヨシダエルシス㈱代表取締役社長	1069名
橋本	〒648-0073　和歌山県橋本市市脇1-3-18	畑野　富雄	畑野産業㈱代表取締役会長	1106名
紀州有田	〒649-0304　和歌山県有田市箕島33-1	野口　義信	光亜建設㈱取締役会長	1281名
中国				
鳥取	〒680-8566　鳥取県鳥取市本町3-201	八村　輝夫	㈱鳥取銀行取締役相談役	2622名
米子	〒683-0823　鳥取県米子市加茂町2-204	坂口　清太郎	坂口(名)代表社員社長	2648名
倉吉	〒682-0887　鳥取県倉吉市明治町1037-11	安部　和臣	倉吉信用金庫相談役	1046名
境港	〒684-8686　鳥取県境港市上道町3002	堀田　收	堀田石油㈱代表取締役社長	1024名
松江	〒690-0886　島根県松江市母衣町55-4	丸　磐根	㈱山陰合同銀行特別顧問	3003名
浜田	〒697-0027　島根県浜田市殿町124-2	岩谷　百合雄	㈱岩多屋代表取締役社長	1268名
出雲	〒693-0011　島根県出雲市大津町1131-1	江田　小鷹	三和興業㈱代表取締役社長	2340名
平田	〒691-0001　島根県出雲市平田町2280-1	大島　治	㈲大島屋代表取締役	899名
益田	〒698-0033　島根県益田市元町12-7	島田　憲郷	益田酒類食品㈱代表取締役	1354名
大田	〒694-0064　島根県大田市大田町大田イ309-2	寺戸　隆文	㈱島根建材公社代表取締役	1090名
安来	〒692-0011　島根県安来市安来町879	並河　勉	山陰酸素工業㈱代表取締役	876名

全国商工会議所名簿

会議所名	住所	会頭名	所属組織および役職	会員数
伊勢	〒516-0037　三重県伊勢市岩渕1-7-17	廣瀬　壽	廣瀬精工㈱代表取締役社長	2589名
松阪	〒515-0014　三重県松阪市若葉町161-2	中井　均	中井土木㈱取締役会長	2670名
鈴鹿	〒513-0802　三重県鈴鹿市飯野寺家町816	大泉　源之	鈴鹿インター㈱会長	3915名
桑名	〒511-8577　三重県桑名市桑栄町1-1	西村　憲一	光精工㈱代表取締役社長	2523名
上野	〒518-0873　三重県伊賀市上野丸之内36-1	木津　龍平	上野ガス㈱代表取締役社長	1661名
亀山	〒519-0124　三重県亀山市東御幸町39-8	長田　幸夫	㈱亀山ショッピングセンター取締役会長	1026名
尾鷲	〒519-3611　三重県尾鷲市朝日町14-45	土井　八郎兵衛	㈲土井林業社長	1036名
名張	〒518-0729　三重県名張市南町822-2	辰巳　雄哉	センシン㈱代表取締役社長	1184名
鳥羽	〒517-0022　三重県鳥羽市大明東町1番7号	吉田　謙一	㈱長門館代表取締役	1050名
熊野	〒519-4323　三重県熊野市木本町171	森岡　峑	㈱森岡組会長	884名
近畿				
福井	〒918-8580　福井県福井市西木田2-8-1	川田　達男	セーレン㈱代表取締役社長	7154名
敦賀	〒914-0063　福井県敦賀市神楽町2-1-4	有馬　義一	敦賀海陸運輸㈱代表取締役社長	1977名
武生	〒915-8522　福井県越前市塚町101	三田村　俊文	㈱福邦銀行頭取	2125名
大野	〒912-0083　福井県大野市明倫町3-37	黒原　孝雄	黒原事務器㈱代表取締役社長	1114名
勝山	〒911-0804　福井県勝山市元町1-18-19	荒井　由泰	ケイテー㈱代表取締役社長	789名
小浜	〒917-8533　福井県小浜市大手町5-32	上野　清治	小浜海産物㈱代表取締役	1153名
鯖江	〒916-8588　福井県鯖江市本町3-2-12	野村　一榮	㈱野村マネジメントプランニング代表取締役	2202名
大津	〒520-0806　滋賀県大津市打出浜2-1	宮崎　君武	大津板紙㈱代表取締役社長	1968名
長浜	〒526-0037　滋賀県長浜市高田町10-1	髙橋　政之	高橋金属㈱代表取締役	1123名
彦根	〒522-0063　滋賀県彦根市中央町3-8	北村　昌造	㈱永昌堂印刷代表取締役社長	1593名
近江八幡	〒523-0893　滋賀県近江八幡市桜宮町231-2	尾賀　康裕	㈱尾賀亀代表取締役社長	1307名
八日市	〒527-0021　滋賀県東近江市八日市東浜町1-5	田中　敏彦	㈱山彦代表取締役	1114名
草津	〒525-0032　滋賀県草津市大路2-11-51	北村　良藏	草津電機㈱代表取締役会長	1573名
守山	〒524-0021　滋賀県守山市吉身3-11-43	大崎　忠男	大崎設備工業㈱代表取締役会長	1351名
京都	〒604-0862　京都府京都市中京区烏丸通夷川上ル	立石　義雄	オムロン㈱代表取締役会長	14728名
舞鶴	〒625-0036　京都府舞鶴市浜66番地	上西　勝己	上西・本間税理士法人代表社員	1205名
福知山	〒620-0037　京都府福知山市字中ノ27	谷村　紘一	谷村実業㈱代表取締役社長	1361名
綾部	〒623-0016　京都府綾部市西町1-50-1	由良　龍文	日東精工㈱代表取締役会長	802名
宇治	〒611-0021　京都府宇治市宇治琵琶45-13	山本　哲治	㈱花屋敷浮舟園代表取締役社長	1791名
宮津	〒626-0041　京都府宮津市鶴賀2054-1	今井　一雄	㈱三洋商事代表取締役社長	870名
亀岡	〒621-0806　京都府亀岡市余部町宝久保1-1	渡辺　裕文	㈱三煌産業代表取締役会長	1485名
城陽	〒610-0196　京都府城陽市富野久保田1-1	堀井　甚逸	ホリモク㈱代表取締役会長	1296名
大阪	〒540-0029　大阪府大阪市中央区本町橋2-8	佐藤　茂雄	京阪電気鉄道㈱代表取締役CEO・取締役会議長	38555名
堺	〒591-8502　大阪府堺市北区長曽根町130-23	篠塚　清	堺化学工業㈱相談役	4308名
東大阪	〒577-0809　大阪府東大阪市永和1-11-10	嶋田　亘	㈱フセラシ取締役会長	7826名
泉大津	〒595-0062　大阪府泉大津市田中町10-7	澤田　隆生	澤田㈱代表取締役会長	1716名
高槻	〒569-0078　大阪府高槻市大手町3-46	小山　洋三	㈱コヤマホールディングス相談役	2202名
岸和田	〒596-0045　大阪府岸和田市別所町3-13-26	柳曽　健二	㈱泉州カード特別顧問	1828名
貝塚	〒597-0094　大阪府貝塚市二色南町4-7	上岡　兼千代	㈱南大阪電子計算センター代表取締役社長	1054名
茨木	〒567-0881　大阪府茨木市上中条1-9-20	掛谷　建郎	㈱掛谷工務店代表取締役	1946名
吹田	〒564-0041　大阪府吹田市泉町2-17-4	寺西　重博	摂津水都信用金庫会長	1601名
八尾	〒581-0003　大阪府八尾市本町2-2-8	塚谷　俊介	㈱塚谷刃物製作所名誉会長	3205名
豊中	〒561-0884　大阪府豊中市岡町北1-1-2	國貞　眞司	三國製薬工業㈱代表取締役社長	2275名
池田	〒563-0025　大阪府池田市城南1-1-1	服部　盛隆	㈱池田泉州銀行代表取締役頭取	1239名
泉佐野	〒598-0006　大阪府泉佐野市市場西3-2-34	山本　幸夫	紀泉運送㈱代表取締役会長	1369名
北大阪	〒573-8585　大阪府枚方市大垣内町2-12-27	吉川　稔	㈱寝屋川工作所代表取締役	3951名

全国商工会議所名簿

会議所名	住所	会頭名	所属組織および役職	会員数
伊東	〒414-0028　静岡県伊東市銀座元町6-11	稲葉　悦一	㈱陽気館代表取締役社長	1957名
熱海	〒413-0014　静岡県熱海市渚町8-2	鵜澤　精一	㈱新かど旅館代表取締役	1315名
島田	〒427-0029　静岡県島田市日之出町4-1	川崎　泰司	川崎工業㈱取締役会長	1820名
焼津	〒425-0026　静岡県焼津市焼津4-9-1	松村　友吉	㈱いちまる代表取締役社長	2069名
掛川	〒436-0079　静岡県掛川市掛川551-2	仁科　雅夫	㈱梅木屋代表取締役社長	1694名
藤枝	〒426-0025　静岡県藤枝市藤枝4-7-16	富澤　静雄	㈱中央防犯取締役会長	2701名
袋井	〒437-8691　静岡県袋井市新屋1-2-1	髙橋　芳康	フクロイ乳業㈱代表取締役	1446名
東海				
岐阜	〒500-8727　岐阜県岐阜市神田町2-2	小島　伸夫	㈱十六銀行顧問	4996名
大垣	〒503-8565　岐阜県大垣市旭町6-3	小川　信也	太平洋工業㈱代表取締役社長	2695名
高山	〒506-8678　岐阜県高山市天満町5-1	蓑谷　穆	㈱みの谷代表取締役会長	2650名
多治見	〒507-8608　岐阜県多治見市新町1-23	牛込　進	㈱ＴＹＫ代表取締役会長	2381名
関	〒501-3874　岐阜県関市平和通3-18	加藤　隆志	㈲大野屋代表取締役社長	2384名
中津川	〒508-0045　岐阜県中津川市かやの木町1-20	丸山　輝城	丸山木材工業㈱代表取締役社長	1973名
美濃	〒501-3743　岐阜県美濃市上条78-7	小坂　良治	㈱小坂酒造場代表取締役	1014名
神岡	〒506-1111　岐阜県飛騨市神岡町東町378	牛丸　欣吾	㈱きくや薬局代表取締役	495名
土岐	〒509-5121　岐阜県土岐市土岐津町高山6-7	玉樹　成三	㈱丸利玉樹利喜蔵商店代表取締役社長	2138名
瑞浪	〒509-6121　岐阜県瑞浪市寺河戸町1043-2	愛知　孝夫	㈲愛岐東和警備代表取締役	1097名
恵那	〒509-7203　岐阜県恵那市長島町正家1-5	鎌田　満	㈱里の菓工房取締役会長	1247名
各務原	〒504-0912　岐阜県各務原市那加桜町2-186	星野　鉄夫	岐阜車体工業㈱代表取締役会長	3134名
美濃加茂	〒505-0042　岐阜県美濃加茂市太田本町1-1-20	美濃輪　忠興	(財)岐阜健康管理センター理事長	1548名
可児	〒509-0214　岐阜県可児市広見1-5	日比野　良彦	㈱エーワンパッケージ代表取締役会長	1622名
羽島	〒501-6241　岐阜県羽島市竹鼻町2635番地	髙島　保雄	丸栄コンクリート工業㈱取締役会長	1675名
名古屋	〒460-8422　愛知県名古屋市中区栄2-10-19	岡田　邦彦	J．フロント　リテイリング㈱取締役相談役	28540名
岡崎	〒444-8611　愛知県岡崎市竜美南1-2	伊藤　公正	富士ファイン㈱代表取締役	4921名
豊橋	〒440-8508　愛知県豊橋市花田町字石塚42-1	磯村　直英	ユタカコーポレーション㈱代表取締役社長	6356名
半田	〒475-0874　愛知県半田市銀座本町1-1-1	榊原　卓三	尾張製粉㈱代表取締役社長	2546名
一宮	〒491-8686　愛知県一宮市栄4-2-1	佐々木　光男	ササキセルム㈱会長	4008名
瀬戸	〒489-8511　愛知県瀬戸市見付町38-2	成田　一成	㈱成田製陶所代表取締役社長	2442名
蒲郡	〒443-8505　愛知県蒲郡市港町18-23	吉川　敏夫	蒲郡信用金庫理事長	2101名
豊川	〒442-8540　愛知県豊川市豊川町辺通4-4	大澤　輝秀	オーエスジー㈱代表取締役会長兼CEO	2664名
刈谷	〒448-8503　愛知県刈谷市新栄町3-26	加藤　英二	刈谷木材工業㈱取締役会長	2945名
豊田	〒471-8506　愛知県豊田市小坂本町1-25	渡辺　祥二	大豊工業㈱相談役	6923名
碧南	〒447-8501　愛知県碧南市源氏神明町90	黒田　昌司	クロダイトエ業㈱代表取締役社長	2069名
安城	〒446-8512　愛知県安城市桜町16-1	石川　正義	碧海信用金庫名誉会長	2294名
西尾	〒445-8505　愛知県西尾市寄住町若宮37	都築　勝久	西尾信用金庫会長	2062名
津島	〒496-8558　愛知県津島市立込町4-144	寺田　晏章	寺田タカロン㈱代表取締役	1420名
春日井	〒486-8511　愛知県春日井市鳥居松町5-45	清水　勲	㈱清水屋取締役社主相談役	4899名
稲沢	〒492-8525　愛知県稲沢市朝府町15-12	久納　昇辰	丸徳産業㈱取締役会長	2226名
常滑	〒479-8668　愛知県常滑市新開町5-58	杉江　省一郎	杉江製陶㈱代表取締役会長	1470名
江南	〒483-8205　愛知県江南市古知野町小金112	野田　泰義	江南特殊産業㈱代表取締役	2188名
小牧	〒485-8552　愛知県小牧市小牧5-253	社本　宮明	福玉㈱代表取締役会長	3706名
犬山	〒484-8510　愛知県犬山市天神町1-8	桑原　正則	桑原木材㈱代表取締役会長	1625名
東海	〒476-0013　愛知県東海市中央町4-2	木下　善雄	㈱キノックス監査役	1859名
大府	〒474-8503　愛知県大府市中央町5-70	遠藤　司郎	㈱豊田自動織機顧問	1731名
四日市	〒510-8501　三重県四日市市諏訪町2番5号	齋藤　彰一	㈱三重銀行取締役	4091名
津	〒514-0033　三重県津市丸之内29-14	竹林　武一	三重トヨタ自動車㈱代表取締役会長	3882名

全国商工会議所名簿

会議所名	住所	会頭名	所属組織および役職	会員数
佐原	〒287-0003　千葉県香取市佐原イ525-1	柏木　幹雄	㈱柏屋もなか店代表取締役	1138名
茂原	〒297-0026　千葉県茂原市茂原443	安藤　矗勇	千葉石油㈱代表取締役会長	1378名
野田	〒278-0035　千葉県野田市中野台168-1	髙梨　兵左衛門	キッコーマン㈱特別顧問	1476名
館山	〒294-0047　千葉県館山市八幡821	髙橋　弘之	㈱房洋堂代表取締役社長	1044名
八街	〒289-1115　千葉県八街市八街ほ224	小倉　希之	㈱小倉商店取締役会長	1818名
東金	〒283-0068　千葉県東金市東岩崎1-5	三宅　英雄	㈱三宅孵卵場代表取締役社長	1278名
柏	〒277-0011　千葉県柏市東上町7-18	長妻　和男	三協フロンティア㈱取締役会長	3915名
市原	〒290-0081　千葉県市原市五井中央西1-22-25	宍倉　健一郎	(資)宍倉呉服店代表社員	2625名
習志野	〒275-0016　千葉県習志野市津田沼4-11-14	鈴木　喜代秋	朝日新聞習志野販売㈱代表取締役	1737名
成田	〒286-0033　千葉県成田市花崎町736-62	諸岡　孝昭	米屋㈱代表取締役会長	1736名
佐倉	〒285-0811　千葉県佐倉市表町3-3-10	鈴木　博	鈴木金物㈱代表取締役	1787名
八千代	〒276-0033　千葉県八千代市八千代台南1-11-6	上代　修二	㈱サンカジロ代表取締役社長	2156名
浦安	〒279-0004　千葉県浦安市猫実1-19-36	柳内　光子	山一興産㈱代表取締役社長	2049名
君津	〒299-1163　千葉県君津市杢師1-11-10	秋元　秀夫	㈱富士食品代表取締役会長	1866名
流山	〒270-0164　千葉県流山市流山2-312	大橋　照司	㈱大橋　代表取締役	1563名
東京	〒100-0005　東京都千代田区丸の内3-2-2	岡村　正	㈱東芝相談役	90989名
八王子	〒192-0062　東京都八王子市大横町11-1	田辺　隆一郎	たなべ物産㈱代表取締役会長	3896名
武蔵野	〒180-0004　東京都武蔵野市吉祥寺本町1-10-7	稲垣　英夫	㈱三祐産業代表取締役	1994名
青梅	〒198-8585　東京都青梅市上町373-1	清水　保男	清水燃料㈱代表取締役	2254名
立川	〒190-0012　東京都立川市曙町2-38-5	萬田　貴久	万田商事㈱代表取締役社長	2442名
むさし府中	〒183-0006　東京都府中市緑町3-5-2	伊達　和男	㈱伊達電器製作所相談役	3065名
町田	〒194-0013　東京都町田市原町田3-3-22	平本　勝哉	㈱平野屋金物店代表取締役	4309名
多摩	〒206-0011　東京都多摩市関戸1-1-5	峯岸　松三	ミネギシ代表	1786名
横浜	〒231-8524　神奈川県横浜市中区山下町2	佐々木　謙二	日本発条㈱代表取締役会長	17954名
横須賀	〒238-8585　神奈川県横須賀市平成町2-14-4	木村　忠昭	㈱エイヴイ代表取締役	6418名
川崎	〒212-0013　神奈川県川崎市幸区堀川町580番地	西岡　浩史	㈱東芝顧問	8567名
小田原箱根	〒250-0014　神奈川県小田原市城内1-21	原　義明	小田原ガス㈱代表取締役	3437名
平塚	〒254-0812　神奈川県平塚市松風町2-10	福澤　正人	㈱福澤代表取締役	2898名
藤沢	〒251-0052　神奈川県藤沢市藤沢109	塩田　豊永	㈱さいか屋藤沢店顧問	3745名
茅ケ崎	〒253-0044　神奈川県茅ヶ崎市新栄町13-29	田中　賢三	日本精麦㈱代表取締役社長	2348名
厚木	〒243-0017　神奈川県厚木市栄町1-16-15	石川　範義	㈱元湯代表取締役	2254名
秦野	〒257-8588　神奈川県秦野市平沢2550-1	岸　司朗	㈲キシ商会代表取締役	2953名
鎌倉	〒248-0012　神奈川県鎌倉市御成町17-29	大崎　哲郎	鎌倉江ノ島ハイヤー㈱代表取締役会長	2489名
三浦	〒238-0243　神奈川県三浦市三崎2-22-16	杉浦　壽久	三崎魚類㈱会長	1946名
相模原	〒252-0239　神奈川県相模原市中央区中央3-12-3	河本　洋次	東邦電子㈱取締役会長	5317名
大和	〒242-0021　神奈川県大和市中央1-5-40			2806名
海老名	〒243-0434　神奈川県海老名市上郷485	井上　髙保	㈱井上商事代表取締役	1928名
甲府	〒400-8512　山梨県甲府市相生2-2-17	上原　勇七	㈱印傳屋上原勇七代表取締役会長	5554名
富士吉田	〒403-0004　山梨県富士吉田市下吉田1643-1	堀内　光一郎	富士急行㈱社長	2115名
静岡	〒420-0851　静岡県静岡市葵区黒金町20-8	松浦　康男	㈱静岡銀行代表取締役会長	11820名
浜松	〒432-8501　静岡県浜松市中区東伊場2-7-1	御室　健一郎	浜松信用金庫理事長	13764名
沼津	〒410-0832　静岡県沼津市御幸町14-5	後藤　全弘	㈱ゴトー相談役	4309名
三島	〒411-8644　静岡県三島市一番町2-29	須田　徳男	㈱MYコミュニケーションズ代表取締役会長	2595名
富士宮	〒418-0063　静岡県富士宮市若の宮町45	長谷川　浩之	㈱エッチ・ケー・エス代表取締役社長	2311名
富士	〒417-0057　静岡県富士市瓜島町82	遠藤　敏東	㈱エンチョー代表取締役会長	4739名
下田	〒415-8603　静岡県下田市2-12-17	萩原　聰治	㈱いなぎや商事代表取締役	1124名
磐田	〒438-0078　静岡県磐田市中泉281-1	伊藤　卓治	磐田化学工業㈱代表取締役	1454名

全国商工会議所名簿

会議所名	住所	会頭名	所属組織および役職	会員数
土浦	〒300-0043　茨城県土浦市中央2-2-16	山口　雄三	山口東邦㈱代表取締役社長	2464名
古河	〒306-0041　茨城県古河市鴻巣1189-4	小渕　博	古河陸運㈱相談役	1806名
日立	〒317-0073　茨城県日立市幸町1-21-2	山本　忠安	山本理化工業㈱代表取締役会長	3642名
石岡	〒315-0013　茨城県石岡市府中1-5-8	大和田　達郎	石岡酒造㈱代表取締役会長	2019名
下館	〒308-0031　茨城県筑西市丙360	関　正夫	関彰商事㈱代表取締役会長	1597名
結城	〒307-0001　茨城県結城市大字結城531	安藤　嘉胤	富士合成㈱取締役会長	1742名
ひたちなか	〒312-8716　茨城県ひたちなか市勝田中央14-8	海野　肇	㈱長寿荘顧問	4007名
栃木	〒328-8585　栃木県栃木市片柳町2-1-46	岩下　邦夫	岩下食品㈱取締役名誉会長	2239名
宇都宮	〒320-0806　栃木県宇都宮市中央3-1-4	簗　郁夫	㈱福田屋百貨店取締役会長	6828名
足利	〒326-8502　栃木県足利市通3-2757	菊地　義治	菊池歯車㈱代表取締役会長	6897名
鹿沼	〒322-0031　栃木県鹿沼市睦町287-16	木村　剛考	㈲キムラ代表取締役	2993名
小山	〒323-0807　栃木県小山市城東1-6-36	後藤　利夫	足利小山信用金庫理事相談役	2142名
日光	〒321-1262　栃木県日光市平ヶ崎200-1	根本　英三郎	㈱春茂登旅館代表取締役会長	3190名
大田原	〒324-0052　栃木県大田原市城山1-3-36	玉木　茂	那須土木㈱代表取締役	1554名
佐野	〒327-0027　栃木県佐野市大和町2687-1	亀田　好二	佐野ケーブルテレビ㈱代表取締役会長	2151名
真岡	〒321-4305　栃木県真岡市荒町1203	篠原　泉	㈱篠原設計代表取締役	1632名
高崎	〒370-8511　群馬県高崎市問屋町2-7-8	原　浩一郎	原㈱代表取締役会長	5713名
前橋	〒371-0017　群馬県前橋市日吉町1-8-1	曽我　孝之	中屋商事㈱代表取締役社長	4586名
桐生	〒376-0023　群馬県桐生市錦町3-1-25	佐藤　富三	佐啓産業㈱代表取締役会長	2103名
館林	〒374-8640　群馬県館林市大手町10-1	河本　榮一	河本工業㈱代表取締役社長	1514名
伊勢崎	〒372-0014　群馬県伊勢崎市昭和町3919	牛久保　智昭	サンデン㈱名誉会長	2089名
太田	〒373-8521　群馬県太田市浜町3-6	正田　寛	しげる工業㈱代表取締役会長	3063名
沼田	〒378-0042　群馬県沼田市西倉内町669-1	安藤　純吉	㈲金具屋種苗店代表取締役	1318名
富岡	〒370-2316　群馬県富岡市富岡1130	田口　基	㈱まるいち取締役会長	1665名
渋川	〒377-0008　群馬県渋川市渋川2536-2	寺島　順一	㈱寺島製材所代表取締役社長	1224名
藤岡	〒375-8506　群馬県藤岡市藤岡853-1	梅澤　徹	梅澤産業㈱代表取締役	1602名
川越	〒350-8510　埼玉県川越市仲町1-12	齊藤　英雄	㈱サンテックス代表取締役会長	4600名
川口	〒332-8522　埼玉県川口市本町4-1-8	細野　壽雄	㈱細野鉄工所相談役	8164名
熊谷	〒360-0041　埼玉県熊谷市宮町2-39	松本　光弘	松本米穀精麦㈱代表取締役会長	3073名
さいたま	〒330-0063　埼玉県さいたま市浦和区高砂3-17-15	川本　宜彦	㈱サイサン取締役会長	12753名
秩父	〒368-0046　埼玉県秩父市宮側町1-7	高橋　信一郎	㈱高橋組代表取締役社長	2013名
行田	〒361-0077　埼玉県行田市忍2-1-8	鈴木　秀憲	㈱協同バス代表取締役会長	1824名
本庄	〒367-8555　埼玉県本庄市朝日町3-1-35	髙橋　福八	埼玉グランドホテル㈱代表取締役会長	1668名
深谷	〒366-0822　埼玉県深谷市仲町20-1	下妻　さとし	下妻液化ガス㈱相談役	2018名
所沢	〒359-1121　埼玉県所沢市元町27-1所沢ハーティア東棟3F	山田　裕通	山田食品産業㈱代表取締役会長	3386名
蕨	〒335-0004　埼玉県蕨市中央5-1-19	田中　正二	富士興業㈱代表取締役	1710名
飯能	〒357-0032　埼玉県飯能市本町1-7	新井　景三	㈱中清商店代表取締役社長	1769名
上尾	〒362-8703　埼玉県上尾市二ツ宮750番地	小谷　仁	㈱日弘代表取締役社長	2745名
狭山	〒350-1305　埼玉県狭山市入間川3-22-8	小髙　弘安	㈱オダカ代表取締役会長	2405名
草加	〒340-0016　埼玉県草加市中央2-16-10	池田　国雄	㈱いけだ屋代表取締役会長	3956名
春日部	〒344-8585　埼玉県春日部市粕壁東1-20-28	海老原　武士	㈱エビハラ代表取締役会長	4124名
銚子	〒288-0045　千葉県銚子市三軒町19-4	伊藤　浩一	㈱岡田商店取締役社長	1494名
千葉	〒260-0013　千葉県千葉市中央区中央2-5-1	千葉　滋胤	㈱ケーブルネットワーク千葉取締役会長	7674名
船橋	〒273-8511　千葉県船橋市本町1-10-10	伊藤　賢二	㈱伊藤楽器社長	3962名
木更津	〒292-0838　千葉県木更津市潮浜1-17-59	荒井　弘導	関東自動車工業㈱代表取締役	1858名
市川	〒272-8522　千葉県市川市南八幡2-21-1	片岡　直公	㈱全日警代表取締役社長	3093名
松戸	〒271-0092　千葉県松戸市松戸1879-1	下山　誠	下山税務会計事務所所長	5222名

全国商工会議所名簿

会議所名	住所	会頭名	所属組織および役職	会員数
三条	〒955-8603　新潟県三条市須頃1-20	渡辺　勝利	シンワ測定㈱取締役会長	2862名
新発田	〒957-8550　新潟県新発田市中央町4-10-10	佐藤　哲也	新発田ガス㈱代表取締役社長	1786名
新津	〒956-0864　新潟県新潟市秋葉区新津本町3-1-7	馬場　欣一	㈱馬場工務所取締役社長	1342名
燕	〒959-1200　新潟県燕市東太田6856	山崎　悦次	山崎金属工業㈱代表取締役	2108名
小千谷	〒947-8691　新潟県小千谷市本町2-1-5	大川　和夫	大川印刷㈱代表取締役	1236名
糸魚川	〒941-8601　新潟県糸魚川市寺町2-8-16	髙瀬　衛	㈱高瀬商会代表取締役会長	904名
村上	〒958-0841　新潟県村上市小町4-10	佐藤　久也	㈱大観荘代表取締役	1011名
十日町	〒948-0088　新潟県十日町市泉17番地	丸山　秀二	㈱丸山工務所代表取締役会長	1467名
新井	〒944-0048　新潟県妙高市下町7-1	横山　孝雄	新井信用金庫理事長	730名
加茂	〒959-1313　新潟県加茂市幸町2-2-4	阿部　大爾	阿部精麦㈱代表取締役社長	1078名
五泉	〒959-1864　新潟県五泉市郷屋川1-2-9	山田　健治	東栄ドライ㈱代表取締役会長	1259名
亀田	〒950-0125　新潟県新潟市江南区亀田新明町2-2-30	古泉　肇	亀田製菓㈱名誉顧問	581名
富山	〒930-0083　富山県富山市総曲輪2-1-3	犬島　伸一郎	㈱北陸銀行特別参与	6278名
高岡	〒933-8567　富山県高岡市丸の内1-40	南　義弘	トナミ運輸㈱取締役会長	5246名
氷見	〒935-0013　富山県氷見市南大町10-1	姫野　貞夫	㈱姫野精工所代表取締役社長	1960名
射水	〒934-0011　富山県射水市本町2-10-35	奥野　忠正	㈱城東代表取締役社長	1517名
魚津	〒937-0067　富山県魚津市釈迦堂1-12-18	大﨑　利明	㈱丸八代表取締役会長	1747名
砺波	〒939-1332　富山県砺波市永福町6-28	大島　肇一	㈱砺波給食代表取締役	1216名
滑川	〒936-0057　富山県滑川市田中町132	斉藤　慎一	広進工業㈱代表取締役	1039名
黒部	〒938-0014　富山県黒部市植木23-1	川端　康夫	川端鐵工㈱代表取締役	1217名
金沢	〒920-8639　石川県金沢市尾山町9-13	深山　彬	㈱北國銀行代表取締役会長	8354名
小松	〒923-8566　石川県小松市園町二の1番地	伊藤　貞之	伊藤会計事務所所長	3990名
七尾	〒926-8642　石川県七尾市三島町70-1	前山　正一	七尾外材㈱代表取締役社長	1846名
輪島	〒928-0001　石川県輪島市河井町201-1	里谷　光弘	㈱里谷組代表取締役社長	1291名
加賀	〒922-8650　石川県加賀市大聖寺菅生ロ17-3	新家　康三	大同工業㈱代表取締役社長	2209名
珠洲	〒927-1214　石川県珠洲市飯田町1-1-9	今井　欽次	㈱今井商店代表取締役社長	742名
白山	〒924-0871　石川県白山市西新町159-2			1577名
上田	〒386-8522　長野県上田市大手1-10-22	宮下　茂	長野計器㈱代表取締役社長	3453名
長野	〒380-0904　長野県長野市七瀬中町276	加藤　久雄	㈱本久代表取締役会長	6753名
松本	〒390-8503　長野県松本市中央1-23-1	井上　保	㈱井上代表取締役社長	5590名
飯田	〒395-0033　長野県飯田市常盤町41	宮島　八束	喜久水酒造㈱取締役会長	2717名
岡谷	〒394-0021　長野県岡谷市郷田1-4-11	宮坂　勝彦	信濃電材㈱代表取締役会長	1864名
諏訪	〒392-8555　長野県諏訪市小和田南14-7	有賀　昭彦	㈱電管エンジニアリング代表取締役社長	2008名
下諏訪	〒393-0087　長野県諏訪郡下諏訪町4611	井口　恒雄	㈱井口代表取締役社長	1231名
須坂	〒382-0091　長野県須坂市立町1278-1	牧　勇男	㈱ニットー取締役会長	1443名
伊那	〒396-8588　長野県伊那市中央区4605-8	向山　公人	伊那ケーブルテレビジョン㈱代表取締役社長	1630名
塩尻	〒399-0731　長野県塩尻市大門六番町4-20	山田　正治	信州塩嶺高原カントリー㈱代表取締役	2178名
小諸	〒384-0025　長野県小諸市相生町3-3-3	香坂　勝	㈱香坂建設代表取締役社長	1327名
中野	〒383-0033　長野県中野市中央1-7-2	永井　雅文	㈱永井本店代表取締役社長	1156名
駒ケ根	〒399-4191　長野県駒ヶ根市上穂栄町3-1	山下　善廣	㈱駒ヶ根電化代表取締役社長	1058名
大町	〒398-0002　長野県大町市大町2511-3	宮澤　吉高	㈲宮澤自動車代表取締役	1011名
茅野	〒391-8521　長野県茅野市塚原1-3-20	宮坂　孝雄	宮坂ゴム㈱代表取締役社長	1608名
佐久	〒385-0051　長野県佐久市中込2976-4	樫山　高士	㈱樫山商店CEO	2377名
飯山	〒389-2253　長野県飯山市大字飯山2239-1	小林　仁	飯山中央市場㈱代表取締役社長	811名
千曲	〒387-0011　長野県千曲市杭瀬下3丁目9番地	滝沢　英雄	滝沢食品㈱代表取締役社長	1031名
関東				
水戸	〒310-0801　茨城県水戸市桜川2-2-35	加藤　啓進	茨城日産自動車㈱代表取締役会長	4783名

全国商工会議所名簿

会議所名	住所	会頭名	所属組織および役職	会員数
十和田	〒034-8691　青森県十和田市西二番町4-11	石川　正憲	㈱石川設計代表取締役	1518名
黒石	〒036-0307　青森県黒石市市ノ町5-2	北山　肇	山武北山建設㈱代表取締役社長	896名
五所川原	〒037-0052　青森県五所川原市東町17-5	寺田　春一	㈱ホテルサンルート五所川原代表取締役社長	1357名
むつ	〒035-0071　青森県むつ市小川町2-11-4	関　實	㈱エフエムむつ代表取締役	1162名
盛岡	〒020-8507　岩手県盛岡市清水町14-12	永野　勝美	㈱岩手銀行特別常任相談役	4601名
釜石	〒026-0021　岩手県釜石市只越町1-4-4	山崎　長也	山崎建設㈱　代表取締役	1144名
一関	〒021-0867　岩手県一関市駅前1番地	宇部　貞宏	㈱宇部建設代表取締役社長	1627名
宮古	〒027-0074　岩手県宮古市保久田7-25	花坂　康太郎	㈱花坂印刷工業社長	1600名
花巻	〒025-0075　岩手県花巻市花城町10-27	宮澤　啓祐	㈱宮澤商店取締役社長	2247名
奥州	〒023-0818　岩手県奥州市水沢区東町4	千葉　龍二郎	千葉建設㈱代表取締役社長	3112名
北上	〒024-0031　岩手県北上市青柳町2-1-8	中村　好雄	㈱中村商会代表取締役会長	2331名
大船渡	〒022-0002　岩手県大船渡市大船渡町字欠ノ下向1-134	甘竹　秀雄	㈱アマタケ取締役	1899名
久慈	〒028-0065　岩手県久慈市十八日町1-45	細谷地　諄吉	㈱細谷地代表取締役会長	950名
仙台	〒980-8414　宮城県仙台市青葉区本町2-16-12	丸森　仲吾	㈱七十七銀行相談役	8791名
塩釜	〒985-0016　宮城県塩釜市港町1丁目6-20	稲井　善孝	塩釜瓦斯㈱代表取締役会長	1888名
石巻	〒986-0824　宮城県石巻市立町1-5-17	浅野　亨	宮城ヤンマー㈱代表取締役社長	2271名
気仙沼	〒988-0084　宮城県気仙沼市八日町2-1-11	臼井　賢志	㈱臼福本店代表取締役社長	1725名
古川	〒989-6166　宮城県大崎市古川東町5-46	松本　信輔	㈱マツモト代表取締役	1745名
白石	〒989-0256　宮城県白石市字本鍛冶小路13	太宰　雄一郎	㈱白石倉庫代表取締役社長	998名
秋田	〒010-0923　秋田県秋田市旭北錦町1-47	渡邉　靖彦	秋田中央交通㈱取締役社長	5998名
能代	〒016-0831　秋田県能代市元町11-7	広幡　信悦	中田建設㈱代表取締役社長	1823名
大館	〒017-0044　秋田県大館市御成町2-8-14	虻川　東雄	㈱東光ホールディングス会長	2003名
横手	〒013-0021　秋田県横手市大町7-18	岩佐　佳政	㈱富久屋代表取締役社長	1426名
湯沢	〒012-0824　秋田県湯沢市佐竹町4-2	髙久　臣一	㈱丸臣高久建設代表取締役	1196名
大曲	〒014-0027　秋田県大仙市大曲通町8-50	高橋　寛	大曲木材㈱代表取締役社長	1296名
山形	〒990-8501　山形県山形市七日町3-1-9	山澤　進	㈱ヤマザワ代表取締役会長	4879名
酒田	〒998-8502　山形県酒田市中町2-5-10	齋藤　成徳	㈱斎藤農機製作所代表取締役社長	2185名
鶴岡	〒997-8585　山形県鶴岡市馬場町11-63	早坂　剛	㈱庄交ホールディングス代表取締役社長	2839名
米沢	〒992-0045　山形県米沢市中央4-1-30	佐藤　良吉	㈱丸定代代表取締役	2938名
新庄	〒996-0022　山形県新庄市住吉町3-8	涌井　弥瓶	㈲新庄東山焼取締役会長	1493名
長井	〒993-0011　山形県長井市館町北6-27	横澤　浩次	協同薬品工業㈱相談役	1084名
天童	〒994-0013　山形県天童市老野森1-3-28	押野　宏	㈱天童ホテル代表取締役社長	1756名
福島	〒960-8053　福島県福島市三河南町1-20	瀬谷　俊雄	㈱東邦銀行取締役会長	4098名
郡山	〒963-8691　福島県郡山市清水台1-3-8	丹治　一郎	西部自動車㈱代表取締役社長	5166名
会津若松	〒965-0816　福島県会津若松市南千石町6-5	宮森　泰弘	宮泉銘醸㈱代表取締役社長	3377名
いわき	〒970-8026　福島県いわき市平字田町120	有賀　敬四郎	北関東空調工業㈱代表取締役	4002名
白河	〒961-0908　福島県白河市大手町5-12	和知　繁蔵	㈱鹿島ガーデン代表取締役会長	1178名
原町	〒975-0006　福島県南相馬市原町区橋本町1-35	遠藤　修	原町港湾運送㈱代表取締役会長	1251名
会津喜多方	〒966-0827　福島県喜多方市字沢ノ免7331	唐橋　幸市郎	ほまれ酒造㈱代表取締役社長	1269名
相馬	〒976-0042　福島県相馬市中村字桜ヶ丘71	荒井　宏美	㈱アライリースサービス代表取締役	1200名
須賀川	〒962-0844　福島県須賀川市東町59-25	長谷部　一雄	須賀川信用金庫理事長	1399名
二本松	〒964-8577　福島県二本松市本町1-60-1	遠藤　重孝	東邦ゴム工業㈱取締役相談役	944名
北陸信越				
新潟	〒950-8711　新潟県新潟市中央区万代島5-1	敦井　榮一	北陸ガス㈱代表取締役社長	5810名
上越	〒943-8502　新潟県上越市新光町1-10-20	田中　弘邦	田中酒造㈱代表取締役社長	1956名
長岡	〒940-0065　新潟県長岡市坂之上町2-1-1	丸山　智	㈱ホクギン経済研究所監査役	3964名
柏崎	〒945-0051　新潟県柏崎市東本町1-2-16	松村　保雄	富士産業㈱取締役社長	2200名

全国商工会議所名簿

会議所名	住所	会頭名	所属組織および役職	会員数
北海道				
函館	〒040-0063　北海道函館市若松町７番15号	髙野　洋藏	㈱道水代表取締役会長	3238名
小樽	〒047-8520　北海道小樽市稲穂2-22-1	鎌田　力	小樽信用金庫特別顧問	1847名
札幌	〒060-8610　北海道札幌市中央区北1条西2丁目	高向　巖	㈱北洋銀行代表取締役会長	24116名
旭川	〒070-8540　北海道旭川市常盤通1丁目	新谷　龍一郎	新谷建設㈱代表取締役社長	4394名
室蘭	〒051-0022　北海道室蘭市海岸町1-4-1	天里　勝成	㈱天勝会長	2103名
釧路	〒085-0847　北海道釧路市大町1-1-1	山本　壽福	釧路信用金庫会長	3662名
帯広	〒080-8711　北海道帯広市西3条南9-1	髙橋　勝坦	YSヤマショウ㈱代表取締役社長	3810名
北見	〒090-8710　北海道北見市北3条東1	永田　正記	永田製飴㈱社長	1994名
岩見沢	〒068-0021　北海道岩見沢市1条西1丁目16番	五十嵐　閣	昭和マテリアル㈱代表取締役社長	1582名
留萌	〒077-0044　北海道留萌市錦町1-1-15	沖田　周一	㈱北交産業社長	765名
網走	〒093-0013　北海道網走市南3条西3丁目	中原　章博	税理士法人みらいパートナーズ会計代表社員	992名
根室	〒087-0016　北海道根室市松ケ枝町2-7	山下　洋司	真壁建設㈱代表取締役社長	747名
滝川	〒073-8511　北海道滝川市大町1-8-1	渡邉　恭久	㈱ミクニ舎代表取締役会長	1159名
稚内	〒097-0022　北海道稚内市中央2丁目4番8号	井須　孝誠	稚内信用金庫会長	1055名
深川	〒074-0001　北海道深川市1条9-19	永倉　尚郎	(医)アンリー・デュナン会理事長	855名
栗山	〒069-1511　北海道夕張郡栗山町中央2-1	松原　正和	松原産業㈱代表取締役	395名
美唄	〒072-0025　北海道美唄市西2条南2丁目1-1	岸本　邦宏	㈱岸本組代表取締役社長	676名
砂川	〒073-0164　北海道砂川市西4条北4	水島　孝嗣	水島建設工業㈱代表取締役	519名
紋別	〒094-0004　北海道紋別市本町4丁目1-16	知見　喜美男	㈱民友商事代表取締役	1000名
森	〒049-2325　北海道茅部郡森町字本町6-22	伊藤　新吉	渡島信用金庫理事長	451名
士別	〒095-0022　北海道士別市西2条5丁目1929-1	千葉　道夫	㈲千草生花店代表取締役	663名
富良野	〒076-0031　北海道富良野市本町7-10	荒木　毅	大北土建工業㈱代表取締役	611名
名寄	〒096-0013　北海道名寄市西3条南5丁目	木賀　義晴	㈱丸徳木賀商店代表取締役	603名
遠軽	〒099-0415　北海道紋別郡遠軽町岩見通南2丁目	佐々木　雅昭	佐々木産業㈲代表取締役	607名
江別	〒067-8547　北海道江別市4条7-1	安孫子　建雄	江別製粉㈱代表取締役社長	1267名
倶知安	〒044-0032　北海道虻田郡倶知安町南2条西1丁目	川上　正宏	㈱加藤建設工業代表取締役	584名
芦別	〒075-0031　北海道芦別市南1条東1-10-6	滝澤　量久	滝澤ベニヤ㈱代表取締役	540名
夕張	〒068-0403　北海道夕張市本町4-38	澤田　宏一	㈱井出組代表取締役社長	251名
美幌	〒092-0004　北海道網走郡美幌町仲町1-44	若林　輝彦	㈱かつや代表取締役社長	648名
歌志内	〒073-0403　北海道歌志内市字本町139	染谷　純一	ソメスサドル㈱社長	203名
赤平	〒079-1134　北海道赤平市泉町2-2	西出　勝利	西出興業㈱代表取締役社長	357名
浦河	〒057-0013　北海道浦河郡浦河町大通1-36	小林　亮夫	富士石油㈱代表取締役社長	401名
伊達	〒052-0025　北海道伊達市網代町24番地	寿浅　弘幸	㈱寿浅代表取締役会長	699名
苫小牧	〒053-0022　北海道苫小牧市表町1-1-13	藤田　博章	㈱フジタコーポレーション代表取締役社長	2994名
留辺蘂	〒091-0003　北海道北見市留辺蘂町仲町6番地	大江　マチ子	㈱大江本家代表取締役会長	295名
岩内	〒045-0003　北海道岩内郡岩内町字万代47-1	辻　庄嗣	カブト石材工業㈱代表取締役	627名
余市	〒046-0003　北海道余市郡余市町黒川町3-114	和田　年正	和田建設工業㈱代表取締役社長	655名
千歳	〒066-8558　北海道千歳市東雲町3-2-6	廣重　孝徳	スノウショップ㈱代表取締役	1328名
上砂川	〒073-0201　北海道空知郡上砂川町字上砂川町254番地4	稲井　康英	進藤商店㈱代表取締役	143名
登別	〒059-0012　北海道登別市中央町5-6-1	上田　俊朗	㈱上田商会代表取締役	874名
恵庭	〒061-1444　北海道恵庭市京町80	村本　隆二	メモリアルグループ会長	1136名
石狩	〒061-3216　北海道石狩市花川北6条1-5	三津橋　昌博	㈱三津橋	1039名
東北				
青森	〒030-8515　青森県青森市橋本2-2-17	林　光男	青森三菱電機機器販売㈱代表取締役社長	4209名
弘前	〒036-8567　青森県弘前市上鞘師町18番地1	新戸部　満男	マルエス自工㈱代表取締役会長	2855名
八戸	〒031-8511　青森県八戸市堀端町2-3	橋本　昭一	㈱橋文取締役相談役	4062名

福岡商工会議所議員一覧

役員	職務執行者	議員名	役職
議員	髙倉　照矢	株式会社タカクラホテル福岡	代表取締役社長　総支配人
議員	高倉　矢一朗	福高観光開発株式会社	代表取締役社長
議員	田中　千雄	タイキ薬品工業株式会社	代表取締役社長
議員	田中　浩二	九州旅客鉄道株式会社	相談役
議員	田中　隆臣	興和道路株式会社	代表取締役社長
議員	寺﨑　一雄	株式会社テレビ西日本	代表取締役社長
議員	徳島　建征	株式会社トクスイコーポレーション	代表取締役副社長
議員	徳安　弘明	株式会社ホテルオークラ福岡	代表取締役社長
議員	中尾　厚志	南国フルーツ株式会社	代表取締役社長
議員	中村　泰二郎	株式会社ストーンマーケット	代表取締役
議員	中村　有輔	中村工業株式会社	代表取締役
議員	西村　正美	株式会社ふようサプライ	取締役社長
議員	野口　宣夫	株式会社お花の太陽	代表取締役
議員	濱田　光江	株式会社三共	代表取締役社長
議員	速水　俊夫	株式会社岩田屋	代表取締役社長執行役員
議員	原田　健生	株式会社千鳥饅頭総本舗	常務取締役
議員	久野　正人	久野印刷株式会社	代表取締役社長
議員	平川　眞臣	株式会社福岡魚市場	代表取締役社長
議員	藤井　春奈子	株式会社嵯峨野	代表取締役社長
議員	藤野　孝	キューサイ株式会社	代表取締役社長
議員	増田　脩二	増田石油株式会社	代表取締役社長
議員	松尾　新吾	九州電力株式会社	代表取締役会長
議員	松下　昭	ダイヤモンド印刷株式会社	代表取締役社長
議員	松本　睦彦	三洋信販株式会社	代表取締役社長
議員	松本　優三	株式会社松本組	代表取締役社長
議員	松山　孝義	松山建設株式会社	代表取締役
議員	宮本　昭彦	株式会社昭電社	代表取締役社長
議員	三好　修	株式会社三好不動産	代表取締役社長
議員	八島　英孝	株式会社志賀設計	代表取締役社長
議員	安井　玄一郎	リックス株式会社	取締役相談役
議員	安川　哲史	福岡市ハイヤー・タクシー事業協同組合	顧問
議員	柳瀬　真澄	嘉穂無線ホールディングス株式会社	代表取締役社長
議員	山渋　幸徳	株式会社電通九州	代表取締役社長
議員	山本　秀雄	株式会社やまやコミュニケーションズ	代表取締役会長
議員	吉﨑　道夫	積水ハウス株式会社福岡マンション事業部	福岡マンション事業部長
議員	吉澤　信司	株式会社福岡第一興産	代表取締役
議員	吉田　省三	日本タングステン株式会社	取締役社長

福岡商工会議所議員一覧

役員	職務執行者	議員名	役職
常議員	宮本　佳代	株式会社三光園	代表取締役社長
常議員	村田　邦彦	株式会社ピエトロ	代表取締役社長
常議員	矢野　羊祐	株式会社矢野特殊自動車	代表取締役会長
常議員	山本　圭介	株式会社ニューオータニ九州	代表取締役社長
常議員	山本　駿一	昭和鉄工株式会社	代表取締役社長
監事	小川　弘毅	西部瓦斯株式会社	代表取締役会長
監事	竹島　和幸	西日本鉄道株式会社	代表取締役社長
監事	谷　　正明	株式会社福岡銀行	取締役頭取
議員	穐吉　憲一	株式会社とり市	代表取締役社長
議員	新井　洋子	エントリーサービスプロモーション株式会社	代表取締役社長
議員	荒川　利紀	株式会社ネッツコーポレーション	代表取締役
議員	有薗　憲一	株式会社ベスト電器	代表取締役会長
議員	井川　英治	株式会社ホークスタウン	代表取締役社長
議員	石坂　博史	株式会社ひよ子	代表取締役会長
議員	井上　賢司	株式会社大洋サンソ	代表取締役社長
議員	井本　勝利	新都商事株式会社	代表取締役
議員	岩﨑　文夫	株式会社エヌ・ティ・ティ・ドコモ九州支社	執行役員九州支社長
議員	岩田　忠征	福電資材株式会社	代表取締役社長
議員	岩本　滋昌	社団法人福岡市土木建設協力会	会長
議員	印　　正哉	正晃株式会社	代表取締役社長
議員	上田　一壽	株式会社ウエダ	常務取締役
議員	上野　裕一	株式会社トーホー	代表取締役社長
議員	江頭　和彦	博多港ふ頭株式会社	代表取締役社長
議員	尾家　弘祐	アクサ生命保険株式会社福岡支社	支社長
議員	大賀　研一	株式会社大賀薬局	代表取締役社長
議員	岡澤　正章	イオン九州株式会社	代表取締役社長
議員	鬼山　愛	西部ガスリビング株式会社	取締役社長
議員	川崎　隆生	株式会社西日本新聞社	代表取締役社長
議員	河野　孝雄	株式会社福住	専務取締役
議員	川原　正孝	株式会社ふくや	代表取締役社長
議員	河部　亮司	福岡市博多繊維卸協同組合	副理事長
議員	菊地　唯夫	ロイヤルホールディングス株式会社	代表取締役社長
議員	工藤　賢二	福岡信用金庫	理事長
議員	久保田　晋平	久保田観光株式会社	代表取締役
議員	後藤　和雄	株式会社キューコーリース	代表取締役社長
議員	後藤　長兵衛	株式会社渕上	相談役
議員	権野　雅明	大同生命保険株式会社福岡支社	九州北部地区営業本部本部長 兼 福岡支社長
議員	庄嶋　厚生	博多織工業組合	監事
議員	新郷　道明	社団法人福岡県高齢者能力活用センター	
議員	清家　邦敏	大成印刷株式会社	代表取締役社長

福岡商工会議所議員一覧

役員	職務執行者	議員名	役職
会頭	河部　浩幸	株式会社九電工	代表取締役会長
副会頭	野田　武太郎	株式会社ファビルス	代表取締役会長
副会頭	本田　正寛	株式会社西日本シティ銀行	代表取締役会長
副会頭	末吉　紀雄	コカ・コーラウエスト株式会社	代表取締役会長
副会頭	樋口　正孝	株式会社山口油屋福太郎	代表取締役副社長
副会頭	土屋　直知	株式会社正興電機製作所	最高顧問
常議員	麻生　敏雄	大和不動産鑑定株式会社九州支社	相談役
常議員	安部　泰宏	株式会社アキラ水産	代表取締役社長
常議員	石橋　知幸	株式会社石橋製作所	取締役社長
常議員	出光　豊	株式会社新出光	取締役相談役
常議員	稲員　英一郎	稲員興産株式会社	代表取締役
常議員	井上　正	ヒリュー装美株式会社	取締役会長
常議員	伊原　和子	伊原金属株式会社	代表取締役社長
常議員	岩崎　成敏	岩崎建設株式会社	代表取締役社長
常議員	榎本　一彦	福岡地所株式会社	代表取締役会長
常議員	遠藤　恭介	西部ガスエネルギー株式会社	代表取締役社長
常議員	太田　和郎	株式会社博多大丸	取締役会長
常議員	大野　憲俊	福岡大同青果株式会社	代表取締役社長
常議員	忍田　勉	株式会社カンサイ	代表取締役社長
常議員	小田原　智一	福岡空港ビルディング株式会社	代表取締役社長
常議員	角川　敏行	社団法人博多港振興協会	会長
常議員	粥川　昌洋	株式会社極東フーズコーポレーション	代表取締役社長
常議員	金納　健太郎	総合メディカル株式会社	代表取締役社長
常議員	栗尾　城三郎	麻生商事株式会社	代表取締役社長
常議員	古賀　敬啓	宗像陸運株式会社	代表取締役
常議員	古賀　良太	株式会社アサヒ緑健	代表取締役社長
常議員	小早川　明徳	社団法人福岡県中小企業経営者協会	会長
常議員	小林　敏郎	株式会社福岡ニット	代表取締役社長
常議員	坂野　義政	松田都市開発株式会社	代表取締役会長
常議員	佐藤　磨	佐藤株式会社	代表取締役社長
常議員	高丘　利勝	西光建設株式会社	代表取締役社長
常議員	田中　克佳	株式会社福岡中央銀行	取締役会長
常議員	田中丸　昌宏	玉屋リネンサービス株式会社	代表取締役社長
常議員	辻　長光	九州建設株式会社	代表取締役社長
常議員	津田　悦夫	津田産業株式会社	代表取締役会長
常議員	永江　靜加	株式会社インターナショナルエア アカデミー	代表取締役社長
常議員	永松　和成	株式会社三越 福岡店	福岡店長
常議員	中元　弘利	株式会社博多座	代表取締役社長
常議員	楢木　隆	空研工業株式会社	取締役副会長
常議員	正木　計太郎	株式会社マルショウ	代表取締役社長

福岡商工会議所組織図

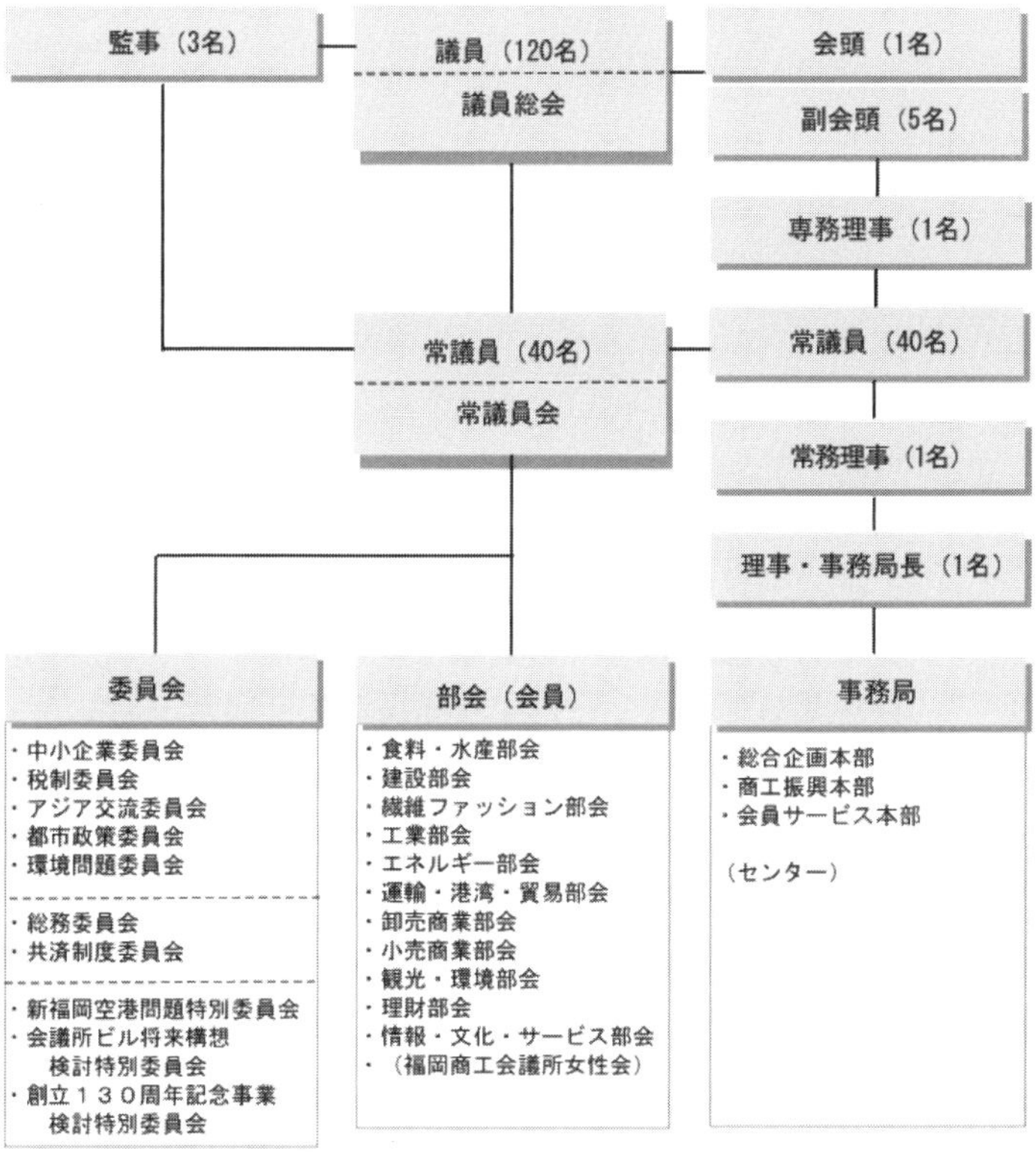
監事（3名）
議員（120名）
議員総会
会頭（1名）
副会頭（5名）
専務理事（1名）
常議員（40名）
常議員会
常議員（40名）
常務理事（1名）
理事・事務局長（1名）
委員会
・中小企業委員会
・税制委員会
・アジア交流委員会
・都市政策委員会
・環境問題委員会
・総務委員会
・共済制度委員会
・新福岡空港問題特別委員会
・会議所ビル将来構想検討特別委員会
・創立１３０周年記念事業検討特別委員会
部会（会員）
・食料・水産部会
・建設部会
・繊維ファッション部会
・工業部会
・エネルギー部会
・運輸・港湾・貿易部会
・卸売商業部会
・小売商業部会
・観光・環境部会
・理財部会
・情報・文化・サービス部会
・（福岡商工会議所女性会）
事務局
・総合企画本部
・商工振興本部
・会員サービス本部
（センター）

日本の著名的無名人特別号
目指せ日本一だ—行動する福岡商工会議所—

2010年6月25日　第1版第1刷発行

著　者　永野芳宣

発行者　村田博文
発行所　株式会社財界研究所
［住所］〒100-0014 東京都千代田区永田町2-14-3 赤坂東急ビル11階
［電話］03-3581-6771
［ファクス］03-3581-6777
［URL］http://www.zaikai.jp/

装幀・本文デザイン　有限会社Dデザイン
印刷・製本　図書印刷株式会社

ISBN 978-4-87932-072-8
定価表示はカバーに印刷してあります。